# *The Cure*

*Biographie*

*Dave Thompson & Jo-Ann Greene*

MOEWIG

4. Auflage

Die Originalausgabe erschien 1988 bei Omnibus Press
(A Division of Book Sales Limited)

Deutsche Erstausgabe
Aus dem Englischen von Joachim Peters


Gesamtherstellung: Verlagsunion Erich Pabel –
Arthur Moewig KG, Rastatt
Printed in Germany
ISBN 3-8118-3034-1

Bildquellennachweis:

All Action: 90.
Adrian Boot: 62.
Finn Costello: 38 oben, 40 oben links, 45b unten, 64 unten.
DiD Circle: 61.
London Features International: 2 und 3, 13, 22, 33, 37, 38 unten, 40 unten links, 41 oben, 43, 44, 45 oben, 48, 51 ff., 56 unten, 57, 59, 60 oben, 63, 64 oben links, 69, 70, 71 ff., 79 ff., 84, 86 f., 91 und 93.
Pictorial Press: 4, 52 (Insert), 56 oben, 60 unten links, Mitte und unten rechts, 65, 68, 78, 88, 89, 92 und 94.
Andy Phillips: 32, 34 und 35.
Barry Plummer: 55 und 82.
Steve Rapport: 40 oben rechts, unten rechts und unten Mitte, 41 unten, 47, 49, 66 und 67.
Rex Features: Rückseite, 57 (Insert), 64 oben rechts, 83 und 85.
Relay Photos: 30.
Gabor Scott: 15, 17 ff., 24 f., 36 und 39.
Ray Stevenson: 11, 23, 26 und 28.
Stills: Coverfoto.

# *Einleitung*

Der Aufstieg der Gruppe *The Cure* von einer reinen Kultband zu absoluten Superstars der Popszene gehört zu den angenehmsten Überraschungen der modernen Rockmusik. Zwar hatten sie schon in ihren frühen Jahren, als ihnen noch das Image der „südenglischen Buzzcocks“ anhaftete, eine gewisse Popularität erreicht, aber den ganz großen Durchbruch schafften sie erst, nachdem viele die Gruppe schon abgeschrieben hatten.

Als sie dann überraschend mit mehreren ihrer Singles die Hitparaden stürmten, waren *The Cure* plötzlich wieder im Geschäft und widerlegten damit eindrucksvoll alle Gerüchte, sie hätten sich getrennt oder seien musikalisch am Ende. Ohne ihren Stil jemals entscheidend geändert zu haben, waren sie endlich aus ihrem Schattendasein herausgetreten und urplötzlich in den Blickpunkt der Popszene gerückt. Nun standen sie selbst im Rampenlicht und mußten sich daran gewöhnen, daß von diesem Augenblick an alles, was sie taten, von einer interessierten Öffentlichkeit verfolgt wurde.

Die musikalische Entwicklung von *The Cure* verlief kontinuierlich und ohne größere Brüche; „The Top“ ging aus „Pornography“ ebenso natürlich hervor wie „Love Cats“ aus „The Walk“. Obwohl Außenstehende immer wieder versuchten, der Gruppe neue Etiketten anzuheften, hatte sich weniger ihr hypnotischer Sound geändert als vielmehr die Einstellung ihres Publikums zur Gruppe und deren Songs.

Doch was bekommen die Fans von *The Cure* eigentlich zu hören? Im Grunde ist es nichts Revolutionäres, sondern lediglich der Sound einer Band, die nie zu kämpfen aufgegeben und sich nie auf ihren Lorbeeren ausgeruht hat. Selbst gegen Ende einer kräftezehrenden dreimonatigen Tournee ist ihnen noch anzumerken, wie verbissen sie sich gegen die Gefahr musikalischer Stagnation zur Wehr setzen. Mit jeder neuen Platte fügen sie ihrem Werk eine weitere Facette hinzu, und mehr als andere Gruppen sind sie ständig bemüht, in neue Grenzbereiche vorzustoßen.

Die Geschichte von *The Cure* ist im wesentlichen die Geschichte von Robert Smith, der die Band gegründet, sie durch alle personellen Veränderungen geführt und bis vor kurzem jeden einzelnen ihrer Songs geschrieben hat. Seit mehr als einem Jahrzehnt ist er unbestritten der Kopf der Gruppe, und alles deutet darauf hin, daß der Höhepunkt seiner Kreativität noch vor ihm liegt.

Robert James Smith wurde am 21. April 1959 in Blackpool geboren. „An manche Einzelheiten von Blackpool kann ich mich noch heute erinnern ... Ich bin sicher, daß meine ersten fünf Lebensjahre an der See mich stark beeinflußt haben, denn noch heute verbringe ich jeden Urlaub an der See. Es ist fast, als würde sie mich rufen. Ich möchte eines Tages sehr gerne wieder an der See leben.

...Ich bin zwar mehr im Süden Englands aufgewachsen, hatte aber immer einen nordenglischen Akzent, weil meine Eltern zu Hause so redeten. In der Schule fiel ich dadurch ziemlich auf. Als Teenager unterdrückte ich dann absichtlich meinen nordenglischen Akzent, weil ich in diesem Alter fürchtete, deswegen für arrogant gehalten zu werden...

...Das erste, woran ich mich klar und deutlich erinnere, ist meine Ankunft auf der Victoria Station in London." Robert wuchs in Crawley auf. „Immer, wenn ich kann, ziehe ich mich dorthin zurück. Das ist für mich ein Zufluchtsort, an dem ich meine Ruhe habe. Wenn ich nicht ans Telefon gehe, bin ich dort für niemanden zu erreichen, weil keiner Lust hat, 35 Meilen zu fahren ..."

Er besuchte die St.-Francis-Grundschule, wo er zum ersten Mal Lol Tolhurst traf. „Er wohnte nur eine Straße weiter, aber damals hat er mich nicht sonderlich beeindruckt. Seine Erinnerungen an mich sind auch nicht gerade die besten." In seinen Zeugnissen stand meistens, „daß meine Leistungen hinter meinen Fähigkeiten zurückblieben oder so ähnlich. Das war wohl auch richtig, weil ich damals absichtlich sowenig wie irgend möglich gelernt habe." Er machte sich einen Spaß daraus, immer der Letzte zu sein, und man kann sich gut vorstellen, wie er sich fühlte, als er bei seinem ersten Job – noch während der Schulzeit – morgens um 5.30 Uhr aufstehen mußte, um Weihnachtspost zu sortieren.

„Als ich elf war, wurde unsere Schule für ein Experiment ausgesucht. Wir bekamen dabei sehr viele Freiheiten und nutzten das natürlich voll aus – ein Riesenspaß. Einmal wagte ich es, in einem schwarzen Samtanzug zur Schule zu kommen. Das Ergebnis war, daß ich auf dem Heimweg von vier Jungs verprügelt wurde. Die Lehrer dagegen hatten meine Aufmachung toleriert, weil sie wohl dachten, daß ich in einer Art Persönlichkeitskrise steckte."

Mit 14 wollte Robert „auf einem Berggipfel sitzen und sterben". Statt dessen gründete er mit seinem Bruder Richard, seiner Schwester Janet und einigen Freunden *The Crawley Goat Band.* „Dann war ich in einer Gruppe, die einfach *The Group* hieß, weil es die einzige an der Schule war. Ich kann mich sehr gut in die Lage von 15jährigen versetzen, weil ich noch genau weiß, was ich in diesem Alter empfunden habe. Meine Gefühle waren im Grunde die gleichen wie mit 25, obwohl ich sie damals natürlich noch nicht so ausdrücken konnte. Ich glaube, daß das Alter zwischen 15 und 18 für die Entwicklung der Persönlichkeit entscheidend ist."

Robert hatte in seiner Jugend sehr unterschiedliche Idole wie Tommy Cooper, Spike Milligan, den Fußballspieler Rodney Marsh und Alex Harvey. „Mary (seine Freundin, die er mit 14 kennengelernt hatte) und ich zogen ihm durchs ganze Land hinterher. Er hat mich zwei Jahre lang stark beeinflußt. Ohne ihn wäre ich vielleicht ein Fan von *Supertramp* oder von irgendeiner anderen beschissenenen Gruppe geworden. Wenn ich mir vorstelle, daß wir die gleiche Wirkung auf andere haben könnten wie *The Sensational Alex Harvey Band* auf mich ... Er war so ziemlich der einzige, mit dem ich verdammt gern getauscht hätte."

**DEZEMBER 1972**

Robert bekommt zu Weihnachten seine erste elektrische Gitarre, obwohl er schon mit sechs oder sieben Jahren zu spielen angefangen hat. „Ich war nie besonders gut." Sein Gitarrenlehrer war „der schwulste Sack, der mir je über den Weg gelaufen ist, aber mich hat er nie anzumachen versucht." Immer öfter läßt Robert seine Stunden ausfallen, um statt dessen mit Freunden wie Lawrence 'Lol' Tolhurst und Michael Dempsey auf allen möglichen Instrumenten „total verrückte Versionen" der neuesten Hits zu proben.

Gegen Ende des Schuljahrs gibt das Trio unter dem Namen *The Obelisks* seine erste Vorstellung vor Klassenkameraden. Robert spielt Klavier, Lol Schlagzeug, Alan Hill Baß, Michael und Marc Ceccagno Gitarre. „Es war schrecklich", erinnert sich Robert.

„Meine Unschuld verlor ich im Alter von 15 mit Mary, dem hübschesten Mädchen der ganzen Schule. Wir waren damals auf einer Party, bei der sich alle hatten verkleiden müssen. Ich ging als Chirurg und schüttete mir jede Menge Ketchup über meinen weißen Kittel. Am Anfang hielt ich das für eine tolle Idee, aber nach einer Stunde fing das Zeug dann fürchterlich an zu stinken ..."

**23. JANUAR 1976**

In der St.-Edwards-Kirche in Crawley hält die Band ihre erste richtige Probe ab. Robert spielt Gitarre, Michael Dempsey übernimmt den Baß und zwei längst vergessene Brüder Schlagzeug und Gesang. Lol übt aber in der Zwischenzeit schon am Schlagzeug und ersetzt im April Graham, den ersten Drummer der Gruppe.

'72 ↓ ↓ ↓ '76

'77

Nachdem Marc Ceccagno durch Porl Thompson ersetzt worden ist, beginnt die Gruppe, die sich jetzt *Malice* nennt, im Oktober ihre eigentümlichen Interpretationen alter Songs von Bowie, Hendrix und Alex Harvey einzustudieren. „Als ich angefangen habe, Musik zu machen, hatte ich keine bestimmten Vorstellungen. Mein einziges Ziel war, nicht arbeiten zu müssen."

**18. DEZEMBER 1976**

Als Folkgruppe hat *Malice* ihren ersten Auftritt in Worth Abbey. Dafür stellen sie ein rein akustisches Programm zusammen.

**20. DEZEMBER 1976**

*Malice* unterstützen Marc Ceccagnos neue Band *Amulet* in der St.-Wilfred's-Schule in Crawley. Im Programm haben sie unter anderem „Wild Thing" (gesungen von Lol), „Suffragette City", „Foxy Lady" und „Jailbreak" von Thin Lizzy. Ein weiterer Song, „A Night Like This", wird später von Robert für das Album „Head In The Door" überarbeitet.

„Wir hatten damals behauptet, daß auch ein Gesangsquintett auftreten würde und auf diese Weise 150 Karten verkauft. Das gab einen ganz schönen Aufstand ..."

**JANUAR 1977**

Robert wird zu Jahresbeginn der Schule verwiesen mit der Begründung, er habe einen „unerwünschten Einfluß" auf seine Mitschüler. „Sie mußten mich aber bald wieder aufnehmen. Plötzlich war ich also wieder da, aber sie taten so, als existierte ich nicht für sie. Es war zum Schreien ... Nach meinem mittelmäßigen Schulabschluß lebte ich dann erst einmal acht oder neun Monate von der Sozialhilfe, bis sie schließlich die Zahlungen einstellten."

„Ich war so weit, daß ich mich lieber umgebracht hätte, als eine Arbeit anzunehmen. Ich sagte den Leuten beim Arbeitsamt, sie sollten die Jobs doch lieber denen geben, die sie haben wollten, und daß ich sowieso viel lieber zu Hause sitze und Musik höre. Als sie antworteten, ich würde an der Arbeit nicht vorbeikommen, fragte ich: ‚Warum?'"

„Ich braute mein eigenes Bier, um Geld zu sparen. Übrigens ein guter Tip für alle Arbeitslosen."

Ebenfalls noch im Januar gibt sich die Band nach einem von Lols Songs den Namen *Easy Cure*. Immer neue Sänger wechseln einander ab, nachdem Martin die Gruppe schon kurz nach ihrem Auftritt in St. Wilfred wieder verlassen hatte.

**APRIL 1977**

Die Band entdeckt in einer Musikzeitschrift eine Anzeige von Ariola-Hansa, in der die Firma einen Talentwettbewerb ausschreibt. *Easy Cure* – jetzt mit Peter O'Toole als Sänger – nehmen in Roberts Zimmer ihren Beitrag auf Kassette auf. Wenige Tage später werden sie nach London zum Vorspielen eingeladen.

**6. MAI 1977**

*Easy Cure* springen als Ersatz ein für *Amulet* in The Rocket, einer Kneipe in Crawley, in der sie später noch häufiger auftreten werden.

**13. MAI 1977**

*Easy Cure* spielen in den Morgan-Studios vor der Video-Kamera von Hansa zwei ihrer Songs und erhalten auf der Stelle ein Vertragsangebot.

**18. MAI 1977**

Trotz ihres Verdachts, daß die Plattenfirma ihr Äußeres höher bewertet hat als ihre Musik, unterzeichnet die Band den Vertrag mit Hansa. Im Jahr zuvor hatte Hansa auf *Child* spekuliert, eine Gruppe reichlich wild aussehender Teenies, deren Versuche, die *Rollers* zu übertreffen, kläglich gescheitert waren. *Easy Cure* sehen vielleicht nicht ganz so interessant aus, sind dafür aber wesentlich talentierter.

**3. JUNI 1977**

*Easy Cure* geben ein kostenloses „Peace

## 'ROCKING' TO THE TOP

**A YOUNG Crawley based rock band, 'Easy Cure,' celebrated in Queens Square on Sunday, after signing a £1,000 contract the previous day.**

The band, all aged between 18-19, was one of 1,400 bands to answer an advertisement in The Melody Maker music paper.

Only 60 bands were selected for an audition in London from which eight groups were offered a contract by Hansa, a leading German recording firm.

The group's first single will come out on the Antlantic record label.

"There were so many other bands that we didn't pin all our hopes on it," they said.

The group has only been together for eight months, and they have now signed a five-year contract, renewable every year.

One member, Robert Smith, said: "It all happened so fast, but now we are really looking forward to making our first record."

The group consists of Laurence Tolhurst, Mick Dempsey, Paul Thompson, Peter O'Toole and Robert Smith.

Concert" in Crawley und ernten fünf Tage später ihre allererste Pressekritik. In den folgenden drei Monaten tritt die Band regelmäßig auf und verschafft sich dabei in der näheren Umgebung eine riesige Fangemeinde. Im Oktober verläßt Peter O'Toole die Gruppe, und Robert übernimmt seine Rolle als Sänger. „Ich habe mich eigentlich nie als Sänger betrachtet. Deshalb habe ich mich auch nie besonders auf diese Auftritte vorbereitet, sondern einfach versucht, mich in die richtige Stimmung für den jeweiligen Song zu versetzen. Manches, was ich gesungen habe, war gar nicht so schlecht, aber vieles lag total daneben."

Das ist der Sommer des Punk, und Gruppen wie *The Jam* und *The Clash* sowie Gary Gilmore beherrschen die Szene.

„Wir haben uns nie als Teil dieser orthodoxen Londoner Musikszene gefühlt", sagt Robert. „Im Grunde haben doch nur die *Vibrators* die Entwicklung vorangebracht, besonders im Vergleich mit den Bands, die vorher populär waren, wie etwa *The Dead.* Wenn man heute eine Platte der *Sex Pistols* hört, merkt man, daß sie längst nicht so schnell ist. Wir sahen keinen Grund wegen des Punk unsere alten Platten wegzuwerfen."

Einige Jahre später sagte Robert: „Das Befreiende am Punk war das Gefühl, nicht mehr orthodoxen Erwartungen entsprechen zu müssen. Aber das Feeling der totalen Freiheit, das wir anfangs hatten, hält natürlich nicht ewig an. Trotzdem gibt es auch heute noch Gruppen, die über den Punk von damals nie hinausgekommen sind."

**OKTOBER 1977**

Mit Geräten, die sie vom Vorschuß ihrer Plattenfirma gekauft haben, nimmt die Gruppe ihr erstes ernsthaftes Demo-Band mit fünf Titeln auf. In einem zweiten Band kommen etwa einen Monat später „Killing An Arab", „I'm Cold" und drei Cover-Versionen dazu. Hansa jedoch lehnt alle zehn Titel ab und schlägt der Band vor, sich statt dessen an ein paar Rock'n'Roll-Nummern zu versuchen. Die Gruppe hält sich aber nicht an diesen Rat und produziert Anfang des folgenden Jahres neue Versionen von „Rebel Rebel", „Smashed Up", „Plastic Passion" und „I Just Need Myself".

**16. OKTOBER 1977**

Auftritt in der Felbridge Village Hall.

**4. DEZEMBER 1977**

Auftritt in The Rocket in Crawley. Ein Titel aus dem Programm dieses Abends erscheint später auf der „Curiosity"-Seite des Live-Albums „Concert" von 1984.

**31. DEZEMBER 1977**

Auftritt im Orpington General Hospital.

# '78

**19. FEBRUAR 1978**

Die Band trifft Simon Gallup in The Rocket, wo er in der Gruppe *Lockjaw* Baßgitarre spielt.

**MÄRZ 1978**

Der Streit mit Hansa über die Titel von *Easy Cure* erreicht seinen Höhepunkt, als die Band

*Unten: 1978 auf der Bühne im Hope & Anchor in Islington. The Cure sehen noch ein wenig verkrampft aus ... Von links nach rechts: Robert, Lol und Michael.*

„Killing An Arab" als ihre erste Single herausbringen will. Hansa lehnt ab und löst den Vertrag gegen Monatsende auf.

„Sie wollten uns nur wegen unseres Aussehens, nicht wegen unserer Musik, und sie haben sich unser Demo-Band nicht einmal angehört. Ihnen hat nur unser Foto gefallen, das wir beigelegt hatten. Sogar wenn ‚Arab' gut wäre, sagten sie, könnten sie den Song nicht produzieren, um die Araber nicht vor den Kopf zu stoßen – absolut lächerlich."

Später stellt sich heraus, daß Hansa bei ihrem jüngsten Talentwettbewerb eine neue gutaussehende Gruppe namens *Japan* entdeckt hat.

**APRIL 1978**

Dank einer neuen Bon-Tempi-Orgel und einer Top-20-Gitarre, die Robert für ganze 20 Pfund bei Woolworth gekauft hat, wird der Sound der Gruppe kompakter. Für Robert ist die Top 20 die beste Gitarre, die er je gehabt hat, und um zu zeigen, daß er das ernst meint, verrät er, daß er noch eine Fender Stratocaster in Reserve hat. Porl Thompson dagegen merkt allmählich, daß er mit seinem Gitarrensound nicht zu den anderen paßt, und verläßt die Band Anfang Mai.

Etwa zur gleichen Zeit kürzen die anderen ihren Namen zu *The Cure.*

**27. MAI 1978**

Die Gruppe nimmt in einem kleinen Studio vier Songs auf – „Boys Don't Cry", „10.15 Saturday Night", „Fire In Cairo" und „It's Not You" – und schickt das Band an alle größeren Plattenfirmen. Der erste dieser Songs erscheint später in „Curiosity".

**9. JULI 1978**

*The Cure* geben in The Rocket eine Abschiedsvorstellung für Porl.

Unter Verwendung eines Tonbands mit Orgel- und Kirchenmusik veranstalten sie auf der Bühne eine Séance, und Robert spielt dabei den ganzen Abend mit einem quer über seine Gitarre genagelten Stück Holz, das sein Instrument wie ein Kruzifix aussehen läßt.

Zum Abschluß des Abends betritt Porl Thompson die Bühne und schüttet Lol ein Glas Bier über den Kopf.

**JULI 1978**

Chris Parry von Polydor hört das Band von *The Cure* und schreibt, daß er sie näher kennenlernen möchte.

**14. JULI 1978**

Auftritt in Brighton.

**15. JULI 1978**

Auftritt im Lakers Hotel in Redhill.

**27. AUGUST 1978**

Nach seinem Treffen mit der Band in den Büros von Polydor zwei Wochen zuvor fährt Parry nach Redhill, um die Gruppe live im Lakers Hotel zu erleben. Nach der Show erzählt ihnen Parry in einer Kneipe, daß er seine eigene Plattenfirma gründen will, die Platten sollen über Polydor vertrieben werden. Er fragt, ob sie als erste bei ihm unterschreiben wollen, und sie sagen zu.

**13. SEPTEMBER 1978**

*The Cure* unterzeichnen einen Sechsmonatsvertrag mit Fiction Records.

**17. SEPTEMBER 1978**

Auftritt im Lakers Hotel in Redhill.

**20. SEPTEMBER 1978**

*The Cure* kommen erneut in die Morgan-Studios, die jetzt von Parry geleitet werden, und nehmen fünf Songs für ihr erstes Album auf: „Three Imaginary Boys", „10.15 Saturday Night", „Fire In Cairo", „Plastic Passion" und „Killing An Arab".

**5. OKTOBER 1978**

*The Cure* spielen zusammen mit *Wire* in der Kent University von Canterbury. Auf dem Heimweg fahren sie mit ihrem Lkw gegen eine Mauer.

**6. OKTOBER 1978**

Eine zweite Show mit *The Wire* im London Polytechnic fällt flach, weil die Band zu spät kommt.

**12. OKTOBER 1978**

*The Cure* verbarrikadieren sich zwei Tage lang in den Morgan-Studios, um ihr Album fertigzustellen.

**21. OKTOBER 1978**

Auftritt im Lakers Hotel in Redhill.

**25. OKTOBER 1978**
*The Cure* spielen zusammen mit *The Young Bucks* im Windsor Castle.

**28. OKTOBER 1978**
Auftritt im Lakers Hotel in Redhill.

**20. NOVEMBER 1978**
*The Cure* spielen zusammen mit den *UK Subs* im Moonlight Club in West Hampstead.

**24. NOVEMBER 1978**
Auftritt in der Town Hall von High Wycombe mit *Generation X*, der Band von Billy Idol und Tony James.

*The Cure* können sich weder richtige Beleuchtung noch eine anständige Verstärkeranlage leisten und müssen deshalb mit zwei einfachen Lampen und den zwei Yamaha-A-40-Boxen spielen, die sie sonst für ihre Auftritte in Kneipen benutzen.

**25. NOVEMBER 1978**
*The Cure* spielen zusammen mit *Generation X* im Northampton Cricket Club.

**26. NOVEMBER 1978**
Auftritt im Greyhound in Croydon.

**28. NOVEMBER 1978**
Auftritt im Top Rank in Cardiff.

**30. NOVEMBER 1978**
Auftritt im Halesowen Tiffanys.

**1. DEZEMBER 1978**
Auftritt in der Aston University in Birmingham.

**2. DEZEMBER 1978**
Auftritt im West Runton Pavillon in Cromer.

**3. DEZEMBER 1978**
Auftritt im Bristol Locarno.

**4. DEZEMBER 1978**
*The Cure* treten mit „Killing An Arab" zum ersten Mal in der John Peel Show auf.

**5. DEZEMBER 1978**
Auftritt im California Ballroom in Dunstable, der letzten Station ihrer Tournee. *Generation X* treten zwar noch bis Ende des Monats auf, aber ohne *The Cure*. Die einen behaupten, sie seien neidisch auf den Erfolg von *The Cure* gewesen, andere führen die Trennung darauf zurück, daß Lol Billy Idol angeblich ans Bein gepinkelt hat.

**11.DEZEMBER 1978**
Auftritt im Fan Club in Leeds.

**12. DEZEMBER 1978**
Auftritt in der Grey Hall in York.

**13. DEZEMBER 1978**
Auftritt im Woods Leisure Center in Colchester.

**16. DEZEMBER 1978**
Das erste Interview von *The Cure* mit Adrian Thrills vom NEW MUSICAL EXPRESS wird unter dem Titel "Ain't No Blues For The Summertime Cure" veröffentlicht.

„Wer immer noch glaubt, er bräuchte teure Instrumente, um Rock'n'Roll zu spielen, sollte sich *The Cure* anhören", schreibt Thrills. „Viele unserer ehemaligen Klassenkameraden sitzen heute rum und haben nichts zu tun", sagt Robert. „Dabei wären einige von ihnen talentiert genug. Wenn man sieht, wie viele Leute absoluten Mist spielen und damit auch noch Erfolg haben, dann muß man sich doch sagen: ‚Was die können, kann ich schon lange!'"

**19. DEZEMBER 1978**
Auftritt im The Hope And Anchor in Islington.

'79

**22. DEZEMBER 1978**

*The Cure* feiern das Erscheinen ihrer ersten Single „Killing An Arab"/„10.15 Saturday Night" mit zwei Vorstellungen an einem Tag. Nachmittags spielen sie auf der Weihnachtsparty von Roberts Vater, abends zusammen mit *The Pirates* in der Music Machine.

Obwohl Fiction Records schon startklar ist, wird die Single von der unabhängigen Plattenfirma Small Wonder herausgebracht, weil Polydor so kurz vor Weihnachten keine neue Platte mehr auf den Markt werfen will. Die winzige Firma Small Wonder, die sich schon für mehrere Bands als Sprungbrett zum Erfolg erwiesen hatte, war in der Lage, bis zu 15000 Exemplare der Single zu produzieren; eventuelle höhere Auflagen sollten von Fiction übernommen werden. Nach Roberts Worten war die Single „ein Vorgeschmack auf das, was kommen sollte. Small Wonder hatte gleich zu Anfang schon 2000 Vorbestellungen. Das Interesse war enorm, ständig kamen Anrufe ..."

„Obwohl beide Titel schon längst durch Live-Auftritte bekannt waren, schien die wachsende Fangemeinde von *The Cure* nur auf diese Platte gewartet zu haben, die das Image der Gruppe als ‚südenglische Buzzcocks' in der Fachpresse noch weiter festigte", schrieb der RECORD COLLECTOR.

„‚Killing An Arab' ist zwar nur einer von vielen Schritten in unserer Entwicklung, aber fast wäre der Song uns zum Verhängnis geworden, denn für viele wurde er zum Inbegriff des typischen *Cure*-Sound schlechthin, obwohl er doch höchstens für diese eine Phase typisch war. Ich bin froh, daß wir von diesem Sound weggekommen sind, denn sonst hätte das womöglich unser Ende bedeutet."

**8. JANUAR 1979**

Die Band arbeitet fast den ganzen Monat an ihrem Album und verläßt die Morgan-Studios nur für gelegentliche Auftritte. Vor allem der im Moonlight Club in West Hampstead fand bei der Presse besondere Beachtung.

„‚It's Not You' hat mich wirklich überrascht. Das ist nicht der ganz neue Sound, den ich vielleicht insgeheim erwartet hatte: sehr poppig zwar, aber gleichzeitig zurückhaltend und auf das Wesentliche beschränkt. Auch mit ‚Boys Don't Cry' gelingt es ihnen, die Aufmerksamkeit ihres Publikums zu fesseln ... Stellenweise fühlt man sich an die Anfänge der Buzzcocks erinnert ... Roberts Lead-Gitarre ist umwerfend, aber Micks Baß, der wie ein Lead-Instrument den Sound bestimmt, stiehlt ihm fast die Schau." (SOUNDS)

„Die Songs vereinen ein bewußtes Understatement beim Rückgriff auf den klassischen Pop-Rock der Sechziger Jahre mit der Sparsamkeit der Mittel und dem Drive der Zeit nach dem Punk, und so gelingt es der Band, einen sehr komprimiert wirkenden Sound zu kreieren." (MELODY MAKER)

**13. JANUAR 1979**
SOUNDS druckt als erste britische Musikzeitschrift eine Kritik über „Killing An Arab" ab. „[Es] ist eine recht ungewöhnliche Platte. Die A-Seite (oder jedenfalls die Seite, die den Eindruck macht, sie könnte die A-Seite sein) ist richtig nett, frisch, knackig und irgendwie lustig. Merkwürdig – man verliebt sich sofort in sie. Die B-Seite", fährt Dave McCullouch fort, „demonstriert wie kaum eine Platte seit vielen, vielen Jahren, mit welch sparsamen Mitteln man guten Rock'n'Roll machen kann. Die Musik ist so zurückhaltend, daß für die Phantasie des Zuhörers viel Raum bleibt."

**20. JANUAR 1979**
Auch MELODY MAKER gibt seinen Kommentar zu „Killing An Arab" ab. „Ähnlich wie ‚Hong Kong Garden' ein einfaches, orientalisch wirkendes Motiv sehr effektvoll einsetzt, gewinnt ‚Arab' durch ein maurisch anmutendes Gitarrenmotiv an Kontur."

**27. JANUAR 1979**
SOUNDS veröffentlich Dave McCullouchs Interview mit der Band unter dem Titel „Kill Or Cure". Die Band erscheint auch auf der Titelseite.

„Wer sind sie, was sind sie, wie sehen sie aus, werden sie mich enttäuschen?"

Das Interview fand auf Wunsch der Band im National History Museum statt.

„Sie sehen unglaublich jung aus. Robert trägt eine verrückte ausgebeulte Hose. Er wirkt drahtig und fast schon gefährlich attraktiv. Ungefähr wie Gymnasiasten aus wohlbehüteten Verhältnissen, sehen sie jünger aus, als sie sind, und machen einen beinahe unschuldigen Eindruck."

McCullouch hält die Band für „sehr musikalisch, fast ohne fremde Vorbilder. Die Band erinnert mich an das Feuer des Rock'n'Roll, an Jugendlichkeit und Energie, an unbegrenzte Möglichkeiten und Hoffnungen."

**3. FEBRUAR 1979**
SOUNDS behauptet, die Gruppe sei wegen ihres Äußeren von Skinheads angespuckt worden.

**9. FEBRUAR 1979**
*The Cure* spielt im Nashville in West Kensington. Ihr Auftritt wird durch eine Aktion der rechtsradikalen Nationalfront beeinträchtigt, deren Anhänger „Killing An Arab" als Ausdruck ihrer eigenen politischen Ziele mißverstehen und entsprechende Flugblätter verteilen. In Wirklichkeit aber beruht der Titel des Songs auf einem Kurzroman des französischen Schriftstellers Albert Camus. Lol erzählt später, wie er eines Morgens von seinem Hotelzimmer im vierten Stock einen Araber gesehen hat, der vom Parkplatz zu ihm heraufstarrte, „als wollte er jeden Augenblick eine Knarre ziehen".

**23. FEBRUAR 1979**
Auftritt im Village in Newport.

**27. FEBRUAR 1979**
Auftritt im Metro in Plymouth.

**28. FEBRUAR 1979**
Auftritt in der Town Hall in Bournemouth. Am folgenden Morgen erscheint in der Lokalpresse die Schlagzeile „Mann verliert Ohr bei Popkonzert": Ein Mädchen hatte ihrem Freund ein Ohr abgerissen.

**MÄRZ 1979**
Polydor bringt das Sammelalbum „20 Of A Different Kind" heraus, das neben Stücken von *The Adverts, Otway-Barrett, Sham 69* und weniger bekannten Gruppen auch „Killing An Arab" enthält.

**1. MÄRZ 1979**
Auftritt im Boogie House in Norwich.

**2. MÄRZ 1979**
Auftritt im Isleworth Poly in Hounslow.

**3. MÄRZ 1979**
Auftritt im Plough Inn in Cheltenham.

**4. MÄRZ 1979**
Erster von vier aufeinanderfolgenden Auftritten jeweils am Samstagabend im Marquee in

*Robert auf der Bühne im Londoner Marquee Club beim ersten von vier Auftritten im März 1979.*

London. Neben *The Cure* spielen noch *The Scars, Local Operator, Fashion* und *Joy Division* für nur ein Pfund Eintritt.

**8. MÄRZ 1979**
Auftritt im Hounslow Borough College.

**11. MÄRZ 1979**
Auftritt im Marquee in London.

**13. MÄRZ 1979**
Auftritt im Oxford Poly.

**14. MÄRZ 1979**
Auftritt im Pop Club in York.

**15. MÄRZ 1979**
Auftritt im Fan Club in Leeds.

**16. MÄRZ 1979**
Auftritt im Sandpiper in Nottingham.

**17. MÄRZ 1979**
Auftritt in der University of Kent in Canterbury.

**18. MÄRZ 1979**
Auftritt im Marquee in London.

**20. MÄRZ 1979**
Auftritt im Huddersfield Poly.

**22. MÄRZ 1979**
Auftritt in der Conway Hall in London.

**23. MÄRZ 1979**
Auftritt im West Runton Pavillon in Cromer.

**24. MÄRZ 1979**
Auftritt im Eric's in Liverpool. Jan Birchs Interview mit der Band erscheint im MELODY MAKER. Robert sagt darin: „Mit weniger Instrumenten kann man viel mehr machen. Deshalb klingt die Single anders. Eine andere Gruppe hätte zusätzlich zum Baß vielleicht noch ein Keyboard oder eine Rhythmusgitarre

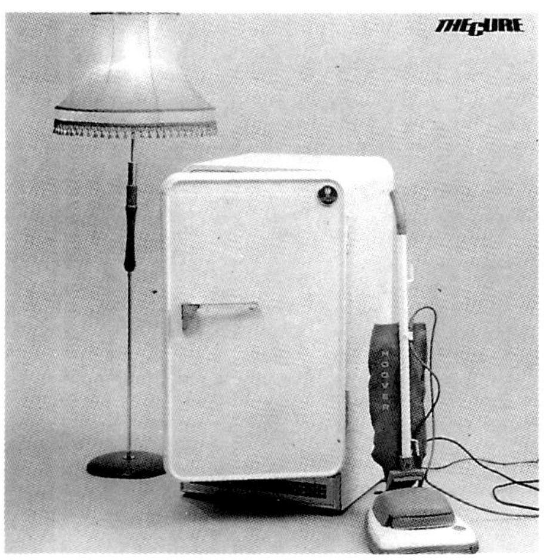


eingesetzt. Weil wir das nicht gemacht haben, glauben manche, daß an der Platte etwas nicht stimmt."

Michael Dempsey sagt: „Manche geben sich auf der Bühne ganz anders, als sie sind, und machen damit den Leuten etwas vor. Ich glaube, daß wir zumindest ein bißchen integrer und ehrlicher sind, weil wir versuchen, dem Publikum nicht irgendein Bild von uns zu präsentieren, sondern uns selbst. Der einzige Maßstab, den wir anerkennen, sind wir selbst."

In einem späteren Interview erklärt Robert: „Der Grund für unser nicht vorhandenes Image war, daß wir uns als Gruppe nie vor einen bestimmten Karren spannen ließen. Wir waren weder links noch rechts noch sonstwas. Manche Leute glauben ja, wenn man in einer Gruppe zusammen die gleiche Musik macht, muß man auch automatisch die gleichen Überzeugungen haben. Ich halte das nicht unbedingt für nötig. Bei einer Kooperative wie *The Mekons* mag das ja gut und richtig sein, aber wir sind eben eine rein musikalische Gemeinschaft. Ich bin weder mit Mick oder Lol noch mit sonst jemandem ständig zusammen."

In einem weiteren Interview klagt er: „Wir mußten von diesem Anti-Image wegkommen, das wir ja nicht einmal selbst geschaffen hatten. Trotzdem glaubten alle, wir versuchten absichtlich, uns immer mysteriöser zu geben. Dabei wollten wir einfach nur von den üblichen Klischees der Rockmusik weg, und dann ist uns die Sache aus den Händen geglitten. Ich tat wirklich alles, um als normal zu gelten, und war zu Hause ein richtig lieber Junge. Meine Mutter fragte immer: ‚Was ist eigentlich ein Anti-Image?'"

Die Fotos zum Interview wurden vor dem Haus von Charlie Harper (*UK Sub*) gemacht. „Aber wir sahen aus wie ein Haufen von Pennern, und so gab Bill erst einmal jedem von uns 50 Pfund, damit wir uns wenigstens anständige Klamotten kaufen konnten."

Bei der nächsten Session, die von Sheila Rock fotografiert wird, treten Robert und Lol in Jacketts von Miss Selfridge auf.

**25. MÄRZ 1979**
Auftritt im Marquee in London.

**30. MÄRZ 1979**
Auftritt im Pavilion in West Runton.

**3. APRIL 1979**
Auftritt im Technical College in Chippenham.

**5. APRIL 1979**
Auftritt in der Chesterton Fusion Hall. Das erste Konzert in dieser Halle seit *Pink Floyd* 1968. Nach der Show verhaftet die Polizei bei einer Drogen-Razzia im Hotel einen der Roadies der Band.

**6. APRIL 1979**
Auftritt im Watford College.

**7. APRIL 1979**
„*The Cure* haben vielleicht nicht gerade eine neue Form des Rock'n'Roll oder eine neue Haltung zu ihm geschaffen, aber zumindest seine wichtigsten Elemente neu belebt. Sie zwingen den Zuhörer, seinen Standpunkt zu überprüfen, nachzudenken und zu genießen ... *The Cure* stehen für Präzision, kanalisierte Energie, Ideen und Provokationen. Sie sind keine Revolutionäre, die mit ihrer Musik die Welt verändern. Sie sind einfach nur gut." (RECORD MIRROR)

**29. APRIL 1979**
*The Cure* spielen im Northgate Community Center von Crawley mit *Amulet* als Vorgruppe zugunsten eines alten Freundes von Robert und Lol, eines Lehrers, der wegen seiner Homosexualität wiederholt gefeuert worden ist.

**5. MAI 1979**
Fiction bringt das erste Album von *The Cure*, „3 Imaginary Boys", heraus. Das Cover zeigt nur eine Stehlampe, einen Kühlschrank und einen Staubsauger, als solle damit das fehlende Image der Band symbolisiert werden. Michael wendet sich später in einem Interview gegen dieses Cover: „Das war nicht unsere Idee und hat uns nur geschadet. Als man uns bat, die LP zu erläutern, konnten wir das natürlich nicht. Wie sollten wir auch das Kunstwerk eines anderen erklären? Es ging einfach nicht, und so brach das vorgefertigte Image in sich zusammen."

Das Album bleibt drei Wochen in den Charts und klettert bis Rang 44. Die Besprechungen sind meist positiv, aber Paul Morley im NME ist nicht sonderlich beeindruckt. Sein beißender Kommentar führt dazu, daß die Band den Text von „Grinding Halt" umschreibt, bevor sie den Song bei ihrem nächsten Auftritt in der John Peel Show präsentiert:

„O Gott! Noch ein paar dieser aufgeweckten, von Weltschmerz gepeinigten Jünglinge mit ihren großartigen Texten. Sparen wir uns den Beifall. Die LP enthält nur 12 Variationen eines einzigen Themas ... *The Cure* wollen uns etwas sagen, nämlich daß sie in Wirklichkeit gar nicht existieren."

Auch die Band ist nicht glücklich mit dem Album. „Hätten wir es selbst produziert, dann hätte es ganz anders geklungen. Es wäre softer geworden und vielleicht weniger erfolgreich. Vielleicht war es ganz gut, daß Chris es produziert hat, weil wir so die Songs in einem neuen Licht sahen und erkannten, in welche Richtung wir uns entwickeln wollten."

Sechs Jahre später sagt Robert: „Ich höre mir unser altes Zeug fast nie an. Sobald wir die Songs aufgenommen haben, sind sie vielleicht für andere interessant, aber nicht mehr für uns."

„*The Cure* ist eine Drei-Mann-Band, deren minimalistischer Ansatz an die frühen *Talking Heads* und an *Wire* erinnert. Wie diese beiden Gruppen kreieren auch *The Cure* neue Klanggemälde mit möglichst sparsamen Mitteln – Gitarre, Baß, Schlagzeug und Gesang – auf der Basis des Rock'n'Roll. Und ähnlich wie diese Gruppen versuchen sie gar nicht erst, ihre Zuschauer mit eindrucksvollen Akkorden zu erschlagen oder einfach die Lautstärke aufzudrehen. Statt dessen erzeugen sie gerade durch die Einfachheit ihres Sounds eine Spannung, eine hypnotische Atmosphäre, die ihrer Musik eine tranceähnliche Qualität verleiht, welche alles andere in den Schatten zu stellen scheint. Wenn man ‚3 Imaginary Boys' anhört, kann man Dinge wie Melodie oder Text vergessen und sich ganz dem Fluß der Musik hingeben." (TROUSER PRESS)

Das Album überliefert der Nachwelt das damalige Live-Programm der *Cure*, obwohl das Fehlen von „Killing An Arab" zumindest nach Angaben von Plattengeschäften die Attraktivität der LP mindert.

Statt dessen fordert ihre bizarre Interpretation von Jimi Hendrix' „Foxy Lady" manchen Kommentar heraus: „Man stelle sich Hendrix ohne das Aufblitzen der Gitarre und all die technischen Tricks vor, und übrig bleibt ein dünnes, zuckendes Skelett." (SOUND INTERNATIONAL)

**12. MAI 1979**
Alle drei führenden Musikzeitschriften rezensieren das Album. Wenig später werden versuchsweise einige Exemplare von Lols „Grinding Halt" gepreßt, das möglicherweise die zweite Single der Gruppe werden soll, aber nach wenig ermutigenden Reaktionen läßt *The Cure* das Projekt fallen.

**17. MAI 1979**
Auftritt in der Memorial Hall in Northwich.

**18. MAI 1979**
Auftritt im Village in Newport.

**19. MAI 1979**
Auftritt im Good Mood Club in Halifax.

Nick Kent kommentiert diesen im NME folgendermaßen: „Sie sind zwar alles andere als unhöflich, aber als Interviewer bekommt man unweigerlich den Eindruck, daß sie mit der speziellen Situation eines Interviews noch nicht so ganz vertraut sind und daß sie das Ganze eigentlich nur amüsant und im Grunde ziemlich lächerlich finden. Der Schlagzeuger Tolhurst scheint die Dinge noch am sachlichsten zu sehen, während der Gitarrist Smith, der offensichtlich älter ist, als er aussieht, eher den Kreativen mimt, der meist nur mit der Schulter zuckt. Der Baßgitarrist Dempsey liegt zwischen diesen beiden, ohne der Gruppe eine zusätzliche Dimension zu geben ... Dennoch sieht es so aus, als könnte von dieser Band ein Teil der besten Popmusik der achtziger Jahre kommen."

Auf den Vorwurf, *The Cure* möge keine Interviews, antwortet Robert später: „Kaum hat man ein Album herausgebracht, das bei den Kritikern einigermaßen ankommt, bilden sich manche Leute ein, alle Welt müßte nun unsere Ansichten kennenlernen. Es mag vielleicht schmeichelhaft sein, daß andere wissen wollen, was man denkt, aber ich halte mich nicht gerade für einen der drei größten Denker der Gegenwart und sehe deshalb auch keinen Grund, anderen meine Weltanschauung aufzudrängen."

**21. MAI 1979**
Auftritt im Top Of The World in Stafford.

**22. MAI 1979**
Auftritt im Barbarellas in Birmingham.

**23. MAI 1979**
Auftritt im Stowaway in Newport.

**24. MAI 1979**
Auftritt im Routes in Exeter.

**25. MAI 1979**
Auftritt im Portsmouth Poly.

**26. MAI 1979**
Auftritt in der Civic Hall in Totnes.

**28. MAI 1979**
Auftritt in der Camelot Suite in Yeovil.

**29. MAI 1979**
Auftritt im Limit Club in Sheffield. „Die Musiker sind zwanzig, sehen aber jünger aus, während ihre Songs eher klingen, als wären sie älter. Aber dafür können sie vermutlich nichts. Man kann ihnen schlimmstenfalls vorwerfen, daß sie als Lämmer verkleidete Schafe sind." (NEW MUSICAL EXPRESS)

**31. MAI 1979**
Auftritt im Boogie House in Norwich.

**1. JUNI 1979**
Auftritt im Carshalton Park. Mit von der Partie sind auch die völlig deplazierten Mod Revival Bands *The Merton Parkas* und *Secret Affair.* Robert sagt später, daß diese Rückkehr zum Mod keinerlei Grundlage hatte außer dem Film QUADROPHENIA von *The Who* und einigen Bemerkungen von Paul Weller, die manche Gruppen dazu ermutigt haben mögen, in fremden Gewässern zu fischen.

**2. JUNI 1979**
Auftritt in der Whitcombe Lodge in Cheltenham.

**4. JUNI 1979**
Auftritt im Tiffanys in Nottingham.

**5. JUNI 1979**
Auftritt im Huddersfield Poly.

**7. JUNI 1979**
Auftritt im Eric's in Liverpool.

**8. JUNI 1979**
Auftritt im Lafayette in Wolverhampton.

**9. JUNI 1979**
Auftritt im Manchester Poly.

**11. JUNI 1979**
Auftritt im Crawford Arms in Milton Keynes.

**12. JUNI 1979**
Auftritt im Circles in Swansea.

**13. JUNI 1979**
Auftritt im Crocs in Rayleigh.

**14. JUNI 1979**
Auftritt im Fusion in Chesterfield.

**15. JUNI 1979**
Auftritt im AJs in Lincoln.

**16. JUNI 1979**
Auftritt in der University of Kent in Canterbury.

**17. JUNI 1979**
Auftritt im Lyceum in London. „Auf der Bühne standen weder Staubsauger noch Kühlschrank oder Stehlampe, sondern lediglich ein großer Ventilator, der mithelfen sollte, daß sie cool und lässig aussahen. Blaues und gelbes Licht fiel auf die Band, weißes aufs Publikum. Wußten Sie schon, daß dies die ‚Pink Floyd der New Wave' waren? Obwohl das Jahr 1979 noch nicht vorbei ist, kann sich *The Cure* schon jetzt als Hauptanwärter auf den Preis für die frustrierendste Band des Jahres betrachten ..." (RECORD MIRROR)

**26. JUNI 1979**
„Boys Don't Cry"/„Plastic Passion" kommt als zweite Single von *The Cure* auf den Markt.

„Erinnert an John Lennon mit zwölf oder dreizehn." (RECORD MIRROR)

„In einer perfekten Welt wäre das ein Hit geworden", sagt Robert später, fügt jedoch hinzu, daß er dann immer neue Versionen davon hätte schreiben müssen, um erfolgreich zu bleiben. Deshalb ist er froh, daß es kein Hit geworden ist. Außerdem, verrät er, wollte Paul Young „Boys Don't Cry" machen. „Wir haben nein gesagt. Etwas Schlimmeres könnte ich mir kaum vorstellen."

**28. JUNI 1979**
Auftritt im Troubadour in Port Talbot.

**29. JUNI 1979**
Auftritt im Lafayette in Wolverhampton.

**30. JUNI 1979**
Auftritt im Aylesbury Friars mit *Wire.*

**JULI 1979**
Robert „entdeckt" *The Obtainers*, zwei Kinder, denen Plastikdosen, Töpfe und Pfannen als Instrumente dienen. Robert bringt unter seinem eigenen Label Dance Fools Dance eine Single von ihnen heraus mit einer Aufnahme der Gruppe *The Mag Spies* und deren Star Simon Gallup.

„Das erste, was mir Simon je gekauft hat, war ‚I'm A Moody Guy' von *Shane Fenton And The Fentones*, weil er mich für so launisch hält. Er schickte mir die Platte mit der Post zu. Sie war natürlich zerbrochen, und so konnte ich sie nie anhören, aber es ist trotzdem meine Lieblingsplatte."

**1. JULI 1979**
*The Cure* spielen als Hauptgruppe im London Lyceum mit *The Ruts* als Vorgruppe.

**5. JULI 1979**
Auftritt im Barbarellas in Birmingham.

**6. JULI 1979**
Auftritt in The Factory in Manchester.

**29. JULI 1979**
*The Cure* spielen zum ersten Mal im Ausland auf einem holländischen Open-Air-Festival.

**AUGUST 1979**
„Bei einigen der neuen englischen Bands gibt es einen neuen Sound mit gleichmäßigem Schlagzeugeinsatz, wohldefinierten Baßsequenzen und einer Gitarre, die Akzente setzt. Die Texte handeln von Nicht-Liebe und quasimilitärischer Gewalt, also verschiedenen Formen der Entfremdung. Die bedeutendsten Vertreter dieses Stils sind *The Mekons, The Gang Of Four* und *The Cure* ..." (TROUSER PRESS)

**3. AUGUST 1979**
Bei einem Konzert von *Throbbing Gristle* in London trifft Robert Steve Severin von einer anderen Polydor-Band, *Siouxsie And The Banshees*, die *The Cure* sofort einladen, an ihrer Tournee teilzunehmen.

**24. AUGUST 1979**
*The Cure* spielen am ersten Abend des jährlichen Reading Festival. Weitere Teilnehmer sind *The Tourists, The Police, Motorhead* (denen Robert „Boys Don't Cry" widmet) und Wilko Johnson.

„Eine Musik mit der Konsistenz von Bonbonmasse, nur ohne deren Süße ... Ein einziges Ärgernis." (NEW MUSICAL EXPRESS)

**29. AUGUST 1979**
Auftritt im Stateside Theatre von Bournemouth. Eröffnungsabend einer Tournee, bei der *The Cure* Vorgruppe von *Siouxsie And The Banshees* sind.

**30. AUGUST 1979**
Auftritt im Aylesbury Friars. „Erst bei der letzten Nummer mußte ich daran denken, was Anfang des Jahres so viel Furore gemacht hat ... Es (Killing An Arab) klingt immer noch gut, aber heute abend klang es wie ein Zufallstreffer, ein kurzlebiger Anflug von Brillanz, den *The Cure* seither nie wiederholen konnten." (NEW MUSICAL EXPRESS)

**SEPTEMBER 1979**
Michael Dempsey kann mit dem Stil von Roberts Songs immer weniger anfangen. *The Cure* gehen wieder ins Studio, um ihre dritte Single „Jumping Someone Else's Train"/„I'm Cold" aufzunehmen.

*Michael Dempsey auf der Bühne des Londoner Lyceum im Juli 1979. Nach diesem Konzert kritisiert Robert die Wahl der Vorgruppe – The Rats – mit der Behauptung, den Veranstaltern sei es egal, ob die Bands zusammenpassen oder nicht.*

Siouxsie von den *Banshees* hilft dabei als Background-Sängerin aus.

Auftritt in der Ulster Hall in Belfast. Dabei stellt sich heraus, daß die Ausrüstung der Band nicht eingetroffen ist, und so müssen *The Cure* mit geliehener Ausrüstung spielen.

Robert: „Bis zur *Banshees*-Tournee waren wir nie eine wirkliche Vorgruppe, und auch bei dieser Tour waren wir mehr so was wie Ehrengäste. Meistens spielten drei Gruppen, und wir wollten nicht einfach nur Vorgruppe der *Banshees* sein."

**6. SEPTEMBER 1979**

In Aberdeen trennen sich die *Banshees* überraschend, als Schlagzeuger Kenny Morris und

Gitarrist John McKay völlig unerwartet kurz vor einem geplanten Auftritt die Gruppe verlassen. Das Problem war entstanden, als die Gruppe in einem örtlichen Plattengeschäft Exemplare ihres letzten Albums „Join Hands" signieren sollte. Die Plattenfirma Polydor hatte die Fan-Gemeinde der Band in dieser Gegend weit unterschätzt und nur 50 Platten geliefert, obwohl das Geschäft 200 bestellt hatte. Schon wenige Sekunden nachdem die Band den Laden betreten hatte, waren alle Platten vergriffen. Zum Glück hatte Nils, der Manager der *Banshess*, noch einen Stapel Alben in seinem Wagen. Er verkaufte sie an den Ladenbesitzer, doch Morris und McKay bestanden darauf, sie zu verschenken. Als der Ladenbesitzer dagegen protestierte, weigerten sich die beiden, weitere Autogramme zu geben. Siouxsie und Severin versuchten zu schlichten, aber es kam zum Streit, und Morris und McKay rannten wütend hinaus. Als die anderen zum Hotel zurückkamen, saßen die beiden schon im Zug nach London.

Am gleichen Abend spielen *The Cure* ein erweitertes Programm, nachdem die übriggebliebenen Mitglieder der *Banshees*, Siouxsie und Severin, dem Publikum die Situation erklärt hatten. Am Ende der Show bringen die beiden gemeinsam mit *The Cure* den Song „The Lord's Prayer", mit dem die *Banshees* ihre Auftritte abzuschließen pflegten.

Nach der Show bietet Robert an, für den Rest der Tournee die Rolle des Gitarristen bei den *Banshees* zusätzlich zu übernehmen. Auftritte im Glasgow Apollo (9. September), im Dunfermline Kinnema (9. September), in der St. Georges Hall von Bradford (12. September) und im New Theatre von Oxford (14. September) werden abgesagt.

**8. SEPTEMBER 1979**
David Hepworth von SOUNDS beklagt sich: „Wenn nur ein Ausgang in der Nähe gewesen wäre, hätte ich die Gelegenheit genutzt und wäre verschwunden. Smith hing an der Bar wie ein Mann, der zu verbraucht ist, um zu leben. Er trug einen fahlgrünen Anzug, der wie eine Mischung aus einem Stierkämpferkostüm und einem abgelegten Kleidungsstück von Charlie Cairoli aussah. Schlaff schüttelte er mir die Hand, fragte nach etwas Nicht-Alkoholischem, jammerte, daß die anderen Bandmitglieder einfach nicht die Kurve kriegten, lehnte sich an die Wand und gab sich nur sehr spärlich Mühe, auf meine ernsthaften Konversationsversuche einzugehen."

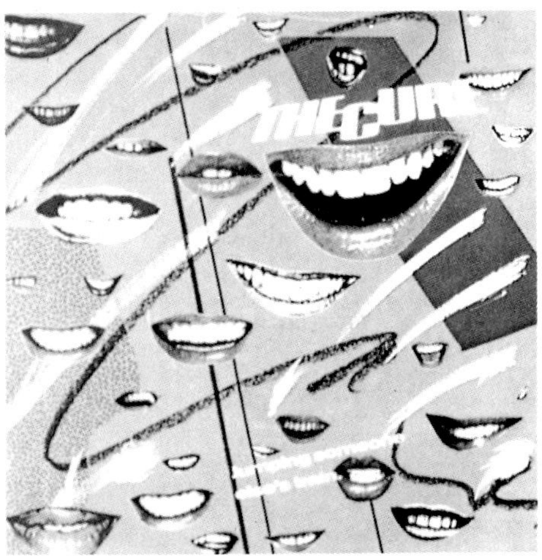


**10. SEPTEMBER 1979**
*The Cure* spielen als Hauptattraktion auf dem New Pop Festival in Rotterdam vor 10 000 Menschen.

**18. SEPTEMBER 1979**
Die Tournee der *Banshees* wird in der DeMontfort Hall in Leicester fortgesetzt. Als sich selbst nach einem Aufruf in der John Peel Show trotz vieler Bewerbungen kein passender Ersatz für die beiden Aussteiger findet, spielen Robert als Gitarrist und Budgie (von *The Slits*) als Drummer.

„Smith hat eine Aufgabe übernommen, von der viele überfordert gewesen wären; nach dem Auftritt mit seiner Gruppe muß er abrupt seine Gitarre und seine Stimmung wechseln und ein fremdes Stück spielen. Doch mit dieser schizophrenen Rolle wird er erstaunlich gut fertig; sein Spiel ist vorsichtig, aber überzeugend." (NEW MUSICAL EXPRESS)

Deanne Pearson vom NME, welche die Band von nun an auf der Tournee begleitet, schreibt, daß auch Lol für den Notfall seine Dienste als Drummer angeboten hat. Vor allem aber dokumentiert sie die wachsende Unzufriedenheit von Michael Dempsey: „Ich habe es satt, daß der Dicke (Lol) und ich immer nur als die Clowns der Band hingestellt werden. Wir sind doch keine Hampelmänner."

**19. SEPTEMBER 1979**
Auftritt im Odeon in Birmingham.

**21. SEPTEMBER 1979**
Auftritt im Apollo in Manchester.

**22. SEPTEMBER 1979**
Auftritt in den Winter Gardens in Malvern.

**23. SEPTEMBER 1979**
Auftritt im Hippodrome in Bristol.

**24. SEPTEMBER 1979**
Auftritt in der St. Georges Hall in Bradford.

**25. SEPTEMBER 1979**
Auftritt im Sophia Gardens in Cardiff.

**26. SEPTEMBER 1979**
Auftritt im New Theatre in Oxford.

**27. SEPTEMBER 1979**
Auftritt im Odeon in Taunton.

**28. SEPTEMBER 1979**
Auftritt im Gaumont in Southampton.

**29. SEPTEMBER 1979**
Auftritt im Pavilion in Hemel Hempstead.

**30. SEPTEMBER 1979**
Auftritt im Empire in Liverpool.

**1. Oktober 1979**
Auftritt in der Nottingham University. „Subway Song", das dabei aufgenommen wird,

erscheint später auf dem „Curiosity"-Album.

**3. Oktober 1979**
Auftritt in der City Hall in Newcastle.

**4. Oktober 1979**
Auftritt in Carlisle.

**8. Oktober 1979**
Auftritt in der City Hall in Hull.

**9. Oktober 1979**
Auftritt im Gaumont in Ipswich.

**10. Oktober 1979**
Auftritt im Conference Center in Brighton.

**11. Oktober 1979**
Auftritt im Odeon in Chelmsford.

**13. Oktober 1979**
Auftritt im Odeon in Lewisham.

**15. Oktober 1979**
Auftritt im Odeon in Hammersmith.

„Wahrscheinlich halten die *Banshees* und die Roadies uns manchmal für furchtbar albern und naiv, weil wir zu oft Gefühle zeigen. Manchmal, wenn Budgie und ich Fehler machen, grinsen wir uns an. In solchen Momenten können wir einfach nicht anders, aber das ist eben nicht das Image der *Banshees*, von denen man erwartet, daß sie tiefgründig, finster und grüblerisch wirken."

**November 1979**
Nach der Tournee mit den *Banshees* verläßt Michael Dempsey *The Cure*. Robert schreibt bereits an der zweiten LP, und Michael weiß,

daß er in diesen Sound nicht mehr hineinpaßt. Er wird durch Simon Gallup ersetzt. Gleichzeitig schließt sich ihnen der Keyboard-Spieler Matthieu Hartley von den *Mag Spies* an.

Im gleichen Monat bringt Fiction die Single „I'm A Cult Hero"/„I Dig You" heraus, die Robert und Simon unter dem Namen *The Cult Heroes* aufgenommen haben, zusammen mit Lol, Porl Thompson, einem Postangestellten namens Frank als Sänger und Roberts Schwester Janet.

Von der Platte werden in Kanada 35 000 Stück verkauft.

**2. NOVEMBER 1979**

„Jumping Someone Else's Train"/„I'm Cold" kommt auf den Markt.

**10. NOVEMBER 1979**

Michael Dempsey im Interview mit dem NME: „Vielleicht könnte man es als einen Konflikt zwischen unterschiedlichen Persönlichkeiten bezeichnen. Auf jeden Fall wurde ich ausgebootet und suche jetzt eine neue Band." Nach Gerüchten, er wolle mit Porl Thompson eine Band gründen, schließt er sich dann den *Associates* an die ebenfalls von Chris Parry gemanagt werden.

Später sagt Robert, daß *The Cure* vor Dempseys Ausscheiden nicht viel mehr waren als „drei Leute, die sich einmal pro Woche trafen, um zur Unterhaltung anderer zu spielen. Es wurde ein richtiger Job. Lol kannte ich, seit ich sechs war, aber Michael nicht. Die Differenzen lagen zwischen ihm und mir, wurden immer unerträglicher. Auf der *Banshees*-Tournee merkte ich dann, daß ich lieber mit den *Banshees* spielte als mit *The Cure*. Da war die Zeit reif für eine Entscheidung. Lol fand das auch, aber Michael äußerte sich überhaupt nicht dazu. Auf der Bühne wurden wir allmählich immer banaler. Jede Nacht spielten wir das gleiche. Keinem machte es mehr Spaß. Es hatte keinen Sinn mehr."

**16. NOVEMBER 1979**

Die neue Formation von *The Cure* gibt ihr Debüt im Eric's in Liverpool. Es ist die erste Nacht der Future Pastimes Tour mit *The Associates* und *The Passions* als Vorgruppen. Robert sagt zum RECORD MIRROR über die neuen Bandmitglieder: „Langsam fühlen wir uns wirklich als Gruppe. Wenn man in einer Band fast täglich zusammenspielt, muß man irgendwie versuchen, miteinander auszukommen – außer, man macht's nur wegen des Geldes, was bei uns nicht der Fall ist. Man muß deshalb nicht das gleiche denken, aber man sollte von den Ideen her zusammenpassen. Jeder von uns respektiert die Ideen der anderen und sagt auch, was er davon hält. Ich weiß, daß die Presse uns das nicht abnimmt, aber es gibt in *The Cure* keine Hierarchie."

**17. NOVEMBER 1979**

Auftritt in der London School of Economics.

**20. NOVEMBER 1979**

Auftritt im Preston Polytechnic.

**21. NOVEMBER 1979**

Auftritt in der Manchester University.

*Von links nach rechts: Robert, Lol, Simon, Matthieu.*

Auf der Bühne von The Music Machine in London im Dezember 1979.

**22. NOVEMBER 1979**
Auftritt im Palm Cove in Bradford.

**23. NOVEMBER 1979**
Auftritt im Village in Newport.

**24.NOVEMBER 1979**
Auftritt in der Warwick University in Coventry.

**27. NOVEMBER 1979**
Auftritt in der Sheffield University.

**28. NOVEMBER 1979**
Auftritt in der Birmingham University.

**29. NOVEMBER 1979**
Auftritt im Portsmouth Polytechnic.

**30. NOVEMBER 1979**
Auftritt in der University Of East Anglia in Norwich.

**1. DEZEMBER 1979**
Auftritt in der Durham University.

**5. DEZEMBER 1979**
Auftritt im Wolverhampton Polytechnic.

**6. DEZEMBER 1979**
Auftritt in der Music Machine in London.

**7. DEZEMBER 1979**
Letzter Tournee-Auftritt im Crawley College. „Im Bus hatten wir jede Menge Spaß, aber in den Konzerten weniger. Nach und nach verkrachten wir uns mit den *Passions. Die Associates* waren dagegen immer auf unserer Seite. Bis auf Clair (dem Sänger) waren die *Passions* alle sehr schwierige Typen mit recht eigenartigen Anschauungen."

Nach Abschluß der Tournee fahren *The Cure* wieder aufs europäische Festland zu einer weiteren Tournee, die sie unter anderem nach Eindhoven, Amsterdam und Paris führt.

# '80

Vor den Fernsehstudios der BBC in Shepherds Bush im April 1980, wo die Gruppe auf ihren Auftritt in Top Of The Pops wartet, kurz nachdem Michael Dempsey die Gruppe verlassen hat.
„Wir passen nicht zusammen", meinte Robert, „und er mochte die Songs nicht, die ich schrieb."

**13. JANUAR 1980**
In den Morgan-Studios beginnen die Proben zum zweiten Album der Band. Robert produziert es selbst zusammen mit Mike Hedges.

**15. JANUAR 1980**
Die Band unterbricht die Aufnahmen wegen eines Termins in den Niederlanden. Eine dort aufgenommene Version von „In Your House" kommt später ins „Curiosity"-Album.

**MÄRZ 1980**
Mit einiger Verspätung rezensiert die amerikanische Zeitschrift TROUSER PRESS „Jumping Someone Else's Train".

„Eine weitere Gruppe, die immer besser wird und schwer einzuschätzen ist. Auf ihrer dritten Single finden sie einen Mittelweg zwischen der Steifheit der ersten und der süßlichen Melodie der zweiten. Das schnelle, freie Spiel von Baßgitarre und Schlagzeug und der gallig-bittere Gesang werden von zarten, bittersüßen Gitarrenklängen untermalt ..."

**18. MÄRZ 1980**
Auftritt im Lakeside in Crawley. Für eine Zugabe betritt Porl Thompson die Bühne und spielt mit der Band „I'm A Cult Hero".

**23. MÄRZ 1980**
*The Cult Heroes* geben ihren ersten und einzigen Auftritt als Vorgruppe von *The Passions* im Marquee. Robert, Lol, Matthieu und Simon spielen mit Porl, dem Postangestellten Frank und zwei Schulmädchen. Außer den beiden Seiten der Single enthält das Programm die vollständigen Top 10 von vor fünf Jahren: „Do You Wanna Touch Me", „Blockbuster", „Whisky In The Jar", „20th Century Boy", „Cindy Incidentally", „Part Of The Union", „Feel The Need In Me", „Hello Hooray" u.a.

**APRIL 1980**
Robert nimmt als Background-Sänger mit den *Associates* einige Titel für deren neuestes Album auf.

Im gleichen Monat verrät Matthieu den Lesern des RECORD MIRROR, wie die einzelnen Bandmitglieder am liebsten leben würden: „Ich würde einen Gemüsegarten wählen, durch den ich mich durchessen könnte. Simons Stadt müßte ganz aus Leder sein. Tolhurstville dagegen wäre eine einzige lange Straße mit einem Süßwarengeschäft, einer Kneipe und einer Toilette, wieder einem Süßwarenladen, einer Kneipe und einer Toilette und so weiter bis in alle Ewigkeit. Robert würde gerne in einem Haus voller Menschen wohnen, die in Einzelzimmern sitzen und unablässig die Wände anstarren."

Die *Banshees* arbeiten inzwischen mit Gitarrist John McGeoch an ihrem neuesten Album. Zumindest einer der Songs auf der Platte, „Hybrid", wurde – nach Siouxsies Angaben – geschrieben, noch während Robert Mitglied der Gruppe war.

**3. APRIL 1980**

Robert spielt mit den *Stranglers* im Finsbury Park Rainbow. Zusammen mit anderen Stars protestiert er gegen die Inhaftierung des *Strangler*-Mitglieds Hugh Cornwall wegen Drogenbesitzes.

**5. APRIL 1980**

„A Forest"/„Another Journey By Train" kommt als Single heraus.

Die A-Seite ist ihrem nächsten Album „17 Seconds" entnommen, die B-Seite eine Instrumentalsequenz aus „Jumping Someone Else's Train". Beide Titel spielt die Band häufig bei ihren Live-Auftritten.

Julie Burchill, die die Single im NEW MUSICAL EXPRESS bespricht, beschuldigt die Band, „ihren Lebensunterhalt anscheinend damit verdienen zu wollen, daß sie tiefsinniger stöhnen, als je einer vor ihnen gestöhnt hat, und das auch noch völlig unmelodiös ..."

**10. APRIL 1980**

*The Cure* kommen zu ihrer ersten Tournee in die USA, wo sie nur in drei Städten spielen. Ihr erster Auftritt findet im Emerald City in Cherry Hill/New Jersey statt.

„Sichtlich müde von der Zeitverschiebung, aber offenbar recht selbstbewußt betraten sie die Bühne und begannen mit zwei Songs, die in den USA noch nie jemand gehört hatte: ‚17 Seconds' und ‚Play For Today'. Dann wechselten sich ältere, poppigere Songs ab mit neueren, die in der Studioversion ziemlich mechanisch klingen, aber live großartig herauskommen." (MELODY MAKER)

**15.–17. APRIL 1980**

Auftritt im Hurrahs in New York. Robert sagt später im RECORD MIRROR, daß die USA nur aus Leuten bestehen, „die immer die gleichen Fragen stellen und ständig deine Hand schütteln wollen. Überall das gleiche ..."

**21. APRIL 1980**

Auftritt im Underground Club in Boston an Roberts 21. Geburtstag, den die Band feiert, indem sie fast anderthalb Stunden zu spät auf die Bühne kommt. Auf dem Weg zum Flughafen bricht sich Robert beim Radwechsel den Daumen.

*Robert auf der Bühne mit* Siouxsie and the Banshees.

**24. APRIL 1980**

*The Cure* kommen zum ersten Mal in die Top Of The Pops mit „A Forest", das am 12. April in den britischen Charts auftauchte. „Ich konnte mir vorher nie vorstellen, wie langweilig es sein würde, in dieser Sendung aufzutreten", gesteht Robert. „Dieses ganze Jubelgeschrei kotzt mich an." Die Single erreicht schließlich Rang 31.

„Der perfekte Pop-Song, ein ewig junger Klassiker." (SOUNDS)

**25. APRIL 1980**

Eröffnungsabend der jüngsten Großbritannien-Tournee von *The Cure* im West Runton Pavilion in Cromer.

**26. APRIL 1980**

Auftritt im Osborne Club in Manchester. „17 Seconds" wird in der britischen Musikpresse allgemein als zu kalt kritisiert. Simon sagt später in einem Gespräch mit SOUND INTERNATIONAL: „Wir wollten in der LP eine einheitliche Stimmung schaffen, verschiedene Aspekte ein und derselben Stimmung."

„Ich mochte ‚17 Seconds' viel mehr als ‚3 Imaginary Boys'", sagt Robert. „Die vielen Songs auf dem ersten Album stammten aus einem Zeitraum von zwei Jahren. Uns gefielen immer ‚3 Imaginary Boys' selbst, ‚Accuracy' und ‚10.15 Saturday Night' am besten. Wenn man diese Songs bearbeitet hätte, dann hätte jeder von ihnen auf ‚17 Seconds' gepaßt. Aber so waren sie gewissermaßen im embryonalen Zustand aufgenommen worden und klangen ziemlich naiv. Irgendwie ging es ja gut, aber das ganze Albuum war doch zu sehr zusammengestückelt."

Im Gespräch mit RECORD MIRROR sagt Robert: „Ich wußte, wie es klingen sollte, welche Stimmung ich ausdrücken wollte. Aber es ist einfach unsinnig, diese Stimmung intellektuell analysieren zu wollen, denn hier geht es schließlich um Gefühle, um echte und spontane Gefühle, die ich in die LP einzubringen versucht habe. Da steckt doch keine genaue Planung dahinter. Aber ich habe gleich befürchtet, daß die meisten Kritiker mit der Emotionalität der Platte nicht viel anfangen können. Das liegt vielleicht auch daran, daß wir immer völlig unberechenbar waren, weil wir schon öfter mal die Richtung gewechselt haben. Die nächste Platte kann wieder ganz anders werden, weil wir in verschiedenen Phasen eben verschiedene Stilrichtungen ausprobieren. Andere brauchen dazu viel länger ..."

„Wer in ‚17 Seconds' eine Sammlung erstklassiger Popmusik erwartet, wird schwer enttäuscht. Arrangement und Aufbau von ‚17 Seconds' sind wesentlich schräger als in ‚3 Imaginary Boys'. Schon die Plattenhülle ist übersät mit verschwommenen, unscharfen Aufnahmen, und auch die LP selbst liegt unter dem gegenwärtigen Niveau von *The Cure*." (NME)

„Warum kommen *The Cure* nicht endlich aus ihrem Schneckenhaus heraus, um zu spielen? Das ist eine verstörte, zurückgezogene *The Cure*, die in kalten, dunklen Räumen an die Wand starrt." (RECORD MIRROR)

**27. APRIL 1980**
Auftritt im Locarno in Bristol.

**28. APRIL 1980**
Auftritt im Stateside Centre in Bournemouth.

**29. APRIL 1980**
Auftritt im Tiffanys in Coventry.

**30. APRIL 1980**
Auftritt im Top Rank in Brighton.

**1. MAI 1980**
Auftritt in der Hull University.

**2. MAI 1980**
Auftritt in der Aberdeen University.

**3. MAI 1980**
Auftritt in der Newcastle University.

**4. MAI 1980**
Auftritt im Valentinos in Edinburgh.

**5. MAI 1980**
Auftritt im Tiffanys in Edinburgh.

**6. MAI 1980**
Auftritt im Top Rank in Sheffield.

**8. MAI 1980**
Auftritt im Routes in Exeter.

**9. MAI 1980**
Auftritt in der Digbeth Civic Hall in Birmingham.

**10. MAI 1980**
Auftritt in der Liverpool University.

**11. MAI 1980**
Auftritt im Rainbow in London mit *The Passions, The Fall* und *The Au Pairs* als Vorgruppen. Anschließend fährt die Band zu ihrer ersten großen Europatournee auf den Kontinent.

**25. MAI 1980**
Ein nächtliches Bad an einem Strand bei Rotterdam endet für die Band und ihre Roadies mit einer Festnahme wegen Erregung öffentlichen Ärgernisses.

**31. MAI 1980**
Konzert in Herford in der Bundesrepublik an Simons Geburtstag. Für diesen Anlaß improvisiert Robert mitten in der Show „Happy Birthday".

**5. JUNI 1980**
Eine Vorstellung an der Universität von Lyon muß ausfallen, nachdem sich die Band in den Bergen hoffnungslos verfahren hat.

**14. JUNI 1980**
Auftritt auf einem Festival in Frankreich mit *The Clash*, Kevin Coyne und *UFO*. Einige Fans randalieren, die Polizei setzt Tränengas ein. Daraufhin weigert sich die Hauptgruppe *Roxy Music* zu spielen. Die Show endet im totalen Chaos.

Während ihres Aufenthalts in Frankreich spielt die Band auch im französischen Rundfunk, unter anderem eine Version von „At Night", die später ins „Curiosity"-Album kommt.

**19. JUNI 1980**
Auftritt im Ruffles in Aberdeen.

**20. JUNI 1980**
Auftritt im George Street Theatre in Edinburgh.

**JULI 1980**
Die Band wird zu einer Reihe Open-Air-Konzerte nach Holland eingeladen. Eines davon wird für eine Ausstrahlung im Rundfunk aufgezeichnet. Die Band gibt Paul Morley vom NME ein Interview.

„Robert", schreibt Morley, „wandert ständig auf dem schmalen Grat zwischen Erregung und Langeweile und schafft es dabei, das Gleichgewicht zu halten. Er ist nicht der Pseudo-Einsiedler, der anderen intensive Visionen vorspielt. Er ist sich seiner eigenen Worte, seiner Umgebung nie ganz sicher. Nimmt er sich überhaupt selbst ernst? ‚Ich nehme mich schon ernst, aber wenn man sich zu ernst nimmt, macht man sich leicht lächerlich.'" Später sagt Robert: „Seit ich mich erinnern kann, habe ich immer alles aufgeschrieben. Vor allem, weil ich manchmal wütend werde. Ich kann richtig jähzornig sein, aber ich tobe meine Wut nicht körperlich aus, weil ich meine Frustrationen und Depressionen nicht an anderen abreagieren will. Ich kriege keine Wutanfälle und zerschlage kein Mobiliar, sondern ziehe mich irgendwohin zurück und schreibe. Das erleichtert. Aber ich finde immer noch, daß man Kommunikation und Predigen auseinanderhalten sollte. Und ich fürchte, daß meine Texte die Leute nicht sehr interessieren, weil sie meist privater Natur sind und sich nicht mit globalen Themen befassen."

„Vom rein persönlichen Standpunkt aus glaube ich an meine Arbeit, aber ob ich in die Musikgeschichte eingehen werde, bezweifle ich doch sehr, und deshalb verschwende ich keine Sekunde an solchen Überlegungen. Das ist mir auch völlig egal."

**29./30. JUNI 1980**
Im Mainstreet Cabaret von Auckland stehen *The Cure* zum ersten Mal vor einem australischen Publikum.

*Letzter Abend der Großbritannientournee von 1980: Robert (links) und Simon (oben) im Londoner Rainbow.*

'81

**AUGUST 1980**
Bei ihrer Ankunft in Australien hatte die Band nur sieben Konzerte geplant, aber schließlich geben sie insgesamt 24 Vorstellungen mit noch nicht einmal drei Ruhetagen dazwischen. Durch das ständige Beisammensein werden musikalische wie persönliche Spannungen frei, und bei ihrer Rückkehr nach England verläßt Matthieu Hartley die Gruppe, so daß die Band wieder ein Trio ist.

„Wenn einer von uns dreien aufhört", sagt Simon im Gespräch mit SOUNDS, „gibt es keine *Cure* mehr."

**SEPTEMBER 1980**
Die Proben für die vierte LP der *Cure* beginnen glücklos. Die Demos, die gegen Monatsende bei Morgan aufgenommen werden, sind unbrauchbar. Im gleichen Monat wird „Grinding Halt" in den Soundtrack des Films TIMES SQUARE aufgenommen.

**OKTOBER 1980**
Eine ausgedehnte Europatournee mit 27 Stationen führt die Band durch Skandinavien, die Niederlande, Frankreich und Deutschland. Fast jede Vorstellung ist ausverkauft, und „17 Seconds" kommt in die Top 10 von Belgien und den Niederlanden.

**NOVEMBER 1980**
Für eine weitere Großbritannientournee sucht die Band Demos von lokalen Gruppen, um in jeder Stadt eine andere Vorgruppe zu haben. Sie will nur an solchen Universitäten spielen, die der Öffentlichkeit frei zugänglich sind.

**18. NOVEMBER 1980**
Auftritt in der Cardiff University nach Tourneen von insgesamt sechs Monaten durch dreizehn Länder.

**18. DEZEMBER 1980**
*The Cure* veranstalten ein vorgezogenes Weihnachtskonzert in der Notre Dame Hall in London, bei der nur geladene Gäste anwesend sind. Es spielen *The Banshees, The Associates, The Scars* und *Tarzan Five.*

**FEBRUAR 1981**
*The Cure* beginnt in den Morgan-Studios mit der Arbeit an ihrer dritten LP „Faith". In den folgenden Monaten werden die Proben erst in die Red-Bus- und dann nacheinander in die Roundhouse-, Trident- und Abbey-Road-Studios verlegt. Bei den Aufnahmen zur neuen Platte wird neben Streichinstrumenten (in „Funeral Party") auch eine Flöte (in „Other Voices") eingesetzt.

Das Album nimmt fast den ganzen Monat in Anspruch. Danach arbeitet die Band am Soundtrack für den Film CARNAGE VISORS, den Simons Bruder Rick bei der Suche nach Vorgruppen für die kommende Großbritannien-

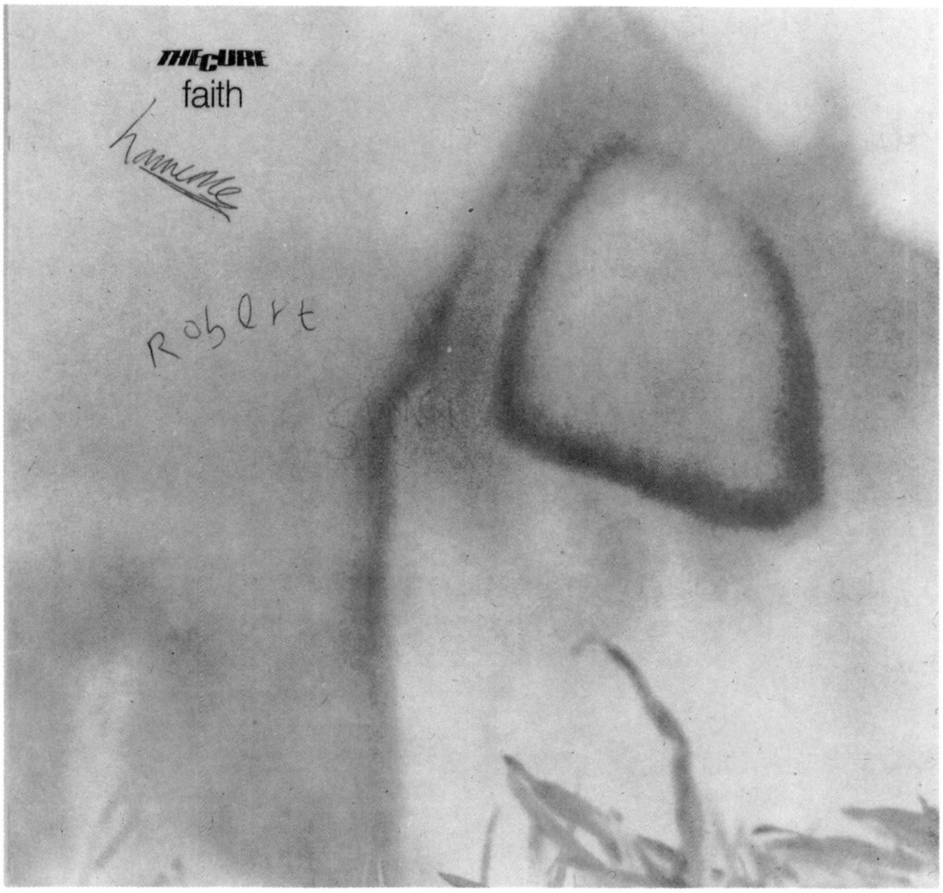


tournee von *The Cure* gedreht hat. Dieser Soundtrack wurde an einem einzigen Tag in den Point Studios aufgenommen.

Robert: „Wir sprachen eine Menge Leute in Filmakademien und ähnlichen Schulen an, stießen dabei aber nur auf Desinteresse. Wir boten ihnen die Möglichkeit, einen Film zu machen, aber sie waren total abgeschlafft. Man sollte doch meinen, daß sie daran interessiert sein müßten, in ihrem Medium zu arbeiten. Wir hätten ihnen das Geld dazu gegeben und ihnen innerhalb gewisser Grenzen ein Höchstmaß an künstlerischer Freiheit gelassen, aber sie blieben total cool, ohne jede Spur von Begeisterung."

„Es gab genug Gründe, auf Vorgruppen ganz zu verzichten. Bei der letzten Tournee setzten wir eine Annonce in die Musikzeitschriften, um Bänder von lokalen Gruppen zu bekommen, die mit uns spielen wollten, und wir suchten uns für jede Stadt eine dieser Bands aus. Manche waren wirklich gut, und alles lief prima mit ihnen. Wenn wir aber zu spät zur Tonkontrolle kommen oder sonstwas schiefgeht, müssen wir uns entscheiden: Entweder die Vorgruppe kriegt genug Zeit zur Tonkontrolle und wir haben zuwenig, so daß unser Sound furchtbar und das Publikum enttäuscht ist, nachdem ihnen die Vorgruppe vielleicht gar nicht gefallen hat, oder aber die Vorgruppe kriegt gar keinen Soundcheck und wir dafür einen guten, dann langweilen sich die Leute bei der Vorgruppe, weil sie nichts von ihr mitkriegen. Deshalb überlegten wir uns, ob es überhaupt sinnvoll ist, Vorgruppen und eine Hauptgruppe zu haben, denn wer kann schon mit Sicherheit sagen, welche Gruppe nun die bessere ist ..."

Richards erste Version des Films wird ein totaler Flop, denn hinterher stellt sich heraus, daß die ganze Beleuchtung nicht stimmte und der Film fast völlig schwarz ist. „Als er ihn sah, war er so entsetzt, daß wir schon befürchteten, er würde sich aufhängen", erzählt Lol. Der Titel des Films soll ein Antonym zu „Rose-coloured spectacles" sein.

„Er ist nicht besonders gut. Die Zuschauer sehen eigentlich nur eine Reihe von Formen, die zur nüchternen Begleitmusik von Smiths Soundtrack auftauchen und wieder verschwinden." (NME)

**27. MÄRZ 1981**

„Primary"/„Descent" kommt als nächste Single der Band heraus. Das Cover wurde von Porl Thompson entworfen. Schon nach kurzer Zeit kommt die Platte in Top Of The Pops und klettert schließlich bis auf Platz 43.

**11. APRIL 1981**

„Faith" kommt auf den Markt. Das Cover zeigt eine verschwommene, grobkörnige Aufnahme

der malerischen Bolton Abbey bei Shipton in North Yorkshire. „Carnage Visors" erscheint als B-Seite zur Cassetten-Version des Albums. Laut Robert sollte es „eine sehr positive Platte werden. Doch dann wurde es eine sehr morbide Platte. Dafür gab es persönliche Gründe, die damals jeden von uns betrafen. Dann mußten wir ein Jahr lang mit der Platte leben, weil wir mit ihr auf Tournee gingen. Aber gerade mit dieser Platte hätten wir das besser nicht tun sollen, weil wir nun ein Jahr lang mit dieser düsteren, fast religiösen Platte herumziehen mußten – sozusagen in Sack und Asche. Das war kein sehr fröhliches Jahr." Später aber sagt er: „Ich wollte immer Platten machen, die aus einem Guß sind, die eine bestimmte Atmosphäre möglichst voll ausschöpfen. Wenn man das tun will, braucht man dafür mehr als einen Song. Deshalb haben mir immer Nick Drakes Platten sehr gut gefallen, oder *Pink Floyds* ‚Ummagumma'. Ich mag Musik, die auf Wiederholungen aufgebaut ist, wie Benediktinergesänge oder indische Mantras, eine Musik, die auf langsamen Veränderungen beruht und es deshalb ermöglicht, bestimmte Motive deutlich herauszustellen."

Leider sind die Kritiken nicht sehr ermutigend. Im RECORD MIRROR wird der Band vorgeworfen, sie sei „in einer abgedroschenen Weltuntergangsstimmung steckengeblieben, die spätestens seit *Joy Division* endgültig gestorben sein sollte". Weiterhin schreibt Mike Nichols: „Während *PIL* sich ständig zu erneuern versucht, verliert sich *The Cure* im Labyrinth ihrer hohlen, seichten, aufgeblasenen, sinnentleerten, selbstgefälligen, herz- und seelenlosen musikalischen Irrwege."

NME kommentiert: „In den glorreichen

Tagen von Sniffin' Glue wurden Platten, die den Anforderungen der Zeit nicht entsprachen, einfach aus dem Fenster geworfen. Zweifellos wäre es dieser hier auch nicht besser ergangen. Junge englische Gruppen haben ein neues Genre von Songs geschaffen, das von Fachleuten als ‚Grammar School Angst' bezeichnet wird, und diese LP ist ein Musterbeispiel dafür: sehr gut gespielt, tadellos aufgenommen und auf deprimierende Weise nichtssagend."

**18. APRIL 1981**
Auftritt im Friars in Aylesbury; Eröffnungskonzert der „Picture Tour". Die Anlage der Band ist von *Pink Floyd* ausgeliehen.

„Nachdem wir die Anlage gemietet hatten, haben wir sie in Shepperton erst einmal aufgebaut. Das war schon ein verrücktes Gefühl: Sie war ungefähr zehn Mal so groß wie unsere Anlage. Aber dann dachten wir, was soll's, bisher hatten wir immer den letzten Schrott auf unseren Tourneen dabei, und alles, was jetzt zählt, ist Zuverlässigkeit."

**20. APRIL 1981**
Auftritt im Arts Centre in Poole.

**21. APRIL 1981**
Auftritt in der Guildhall von Portsmouth.

**22. APRIL 1981**
Auftritt im Top Rank in Brighton.

**23. APRIL 1981**
Auftritt im New Theatre in Oxford. „Es war am zweiten Abend. *The Cure* war etwa beim vierten Song angelangt. Als sie zwischen den Songs eine kurze Atempause einlegten, schrien die Fans nach ‚Forest', ‚Primary' und ‚10.15 Saturday Night'. ‚Wir haben unser Geld gezahlt und jetzt wollen wir das hören.' Dann trat Sänger und Gitarrist Robert Smith ans Mikro: ‚Wir spielen jetzt ‚The Funeral Party'. Ich glaube, er lächelte dabei." (MELODY MAKER)

**24. APRIL 1981**
Auftritt in der Brangwyn Hall in Swansea.

**25. APRIL 1981**
Auftritt im Odeon in Taunton.

**26. APRIL 1981**
Auftritt im Hexagon in Reading. „Durch das Fehlen einer Vorgruppe bekommt der Zuhörer eine ununterbrochene *Cure*-Diät vorgesetzt, eine recht repräsentative Zusammenfassung der momentanen Richtung der Gruppe. Sie erzeugt eine Atmosphäre von Untergang und Fatalismus und hält sich selbst für die Auserwählten. Manchmal hat es den Anschein, als sei sie von ihrem eigenen düsteren Vokabular mehr beeindruckt als überzeugt. An einigen Stellen jedoch imponiert ihre andächtige Sorgfalt und ihr würdevoll langsames Tempo durch eine Präzision und Disziplin, die atemberaubend und fast religiös ist." (NME)

**27. APRIL 1981**
Auftritt im Odeon in Canterbury.

**28. APRIL 1981**
Auftritt im Gaumont in Ipswich.

**29. APRIL 1981**
Auftritt im Odeon in Chelmsford. „*Cure*-Konzerte überlassen wenig dem Zufall. Sobald die Leute den Saal betreten, werden sie mit Tonbandmusik berieselt, die sie in die richtige Stimmung versetzt. Diese Musik reicht von Jimi Hendrix bis zu Gregorianischen Gesängen. Man beachte den Bezug von letzteren zur schwermütigen ‚Funeral Party'." (NME)

Über die älteren Songs im Programm, das von „Faith" dominiert wird, sagt Robert: „Ich finde es schön, sich zu erinnern. Alte Songs sind wie alte Fotos: Wenn ich sie höre, weiß ich wieder, wie ich mich damals gefühlt habe, als wir sie zum ersten Mal spielten, und das hilft mir, meine Selbstkontrolle zu behalten."

**30. APRIL 1981**
Auftritt in der Civic Hall in Guildford.

**1. MAI 1981**
Auftritt im Polytechnic in Plymouth.

**2. MAI 1981**
Auftritt in der Colston Hall in Bristol.

**3. MAI 1981**
Auftritt im Odeon in Birmingham.

**4. MAI 1981**
Auftritt im Odeon in Hammersmith.

The Cure erzeugen einfach nur eine eine Stimmung, während ihre Texte bestenfalls mit dem miesesten Sechstel aller Gedichte vergleichbar sind ... Um Monotonie zu vermeiden, wird die intensive Atmosphäre stellenweise noch weiter intensiviert, noch düsterer, aber jeder Idiot mit einem Synthesizer und einem Halbwissen über Kafka könnte das auch. Nur wenn ihr Gefühl für Pop dazukommt und die Gitarre den Synthesizer ersetzt, glänzen sie. Dann mag ich *The Cure*." (NEW MUSICAL EXPRESS)

**6. MAI 1981**
Auftritt in den Assembly Rooms in Derby.

**7. MAI 1981**
Auftritt im Apollo in Manchester.

**8. MAI 1981**
Auftritt in der Sheffield University.

**9. MAI 1981**
Auftritt in der Leeds University.

**10. MAI 1981**
Auftritt im Royal Court in Liverpool.

**11. MAI 1981**
Auftritt in der DeMontfort Hall in Leicester.

**12. MAI 1981**
Auftritt in der St.Andrews Hall in Norwich.

**14. MAI 1981**
Auftritt im Tiffanys in Glasgow.

**15. MAI 1981**
Auftritt im Capitol in Aberdeen.

**16. MAI 1981**
Auftritt im Odeon in Edinburgh.

**17. MAI 1981**
Auftritt in der City Hall in Newcastle.

**18. MAI 1981**
Auftritt in der Town Hall in Middlesbrough.

**22. MAI 1981**
Auftritt im Dublin College.

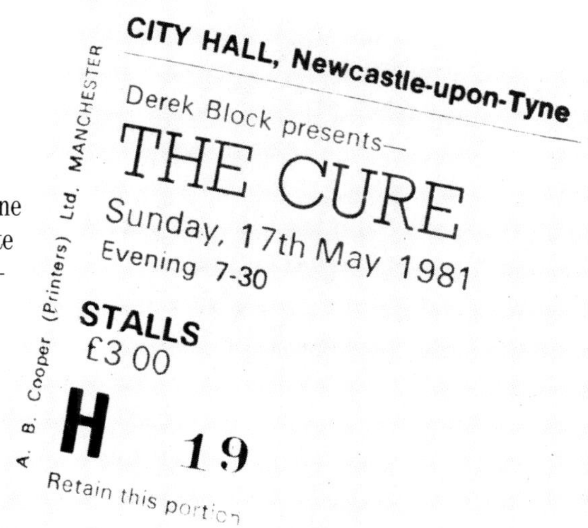

Auf dem Werchter-Festival in Belgien im Juli 1981.

**JUNI 1981**
Die Band unternimmt eine weitere Europatournee, auf der sie erst die üblichen Veranstaltungshallen abklappert, bevor sie im eigenen Zelt in Holland spielt.

**8. JUNI 1981**
Auftritt in der Stadthalle in Freiburg. Ganze 40 Besucher kommen zum Konzert.

**24. JUNI 1981**
Kurz vor ihrem Auftritt in Sittard/Holland erfährt die Band, daß Lols Mutter gestorben ist. Am folgenden Tag kehrt die Band nach England zurück. Beim Begräbnis wird eine Aufzeichnung des Konzerts gespielt.

**5. JULI 1981**
Auftritt bei einem Konzert in Belgien, an dem auch Robert Palmer teilnimmt. *The Cure* verblüffen die Besucher am Ende mit einer 15-Minuten-Version von „A Forest".

**16./17. JULI 1981**
Die Band nimmt „Charlotte Sometimes" auf. Außerdem drehen sie ihr neuestes Video. Der frühere Regisseur von Supersonic, Mike Mansfield, der jetzt mit *Adam And The Ants* einen gewissen Erfolg hat, führt Regie – eine merkwürdige Verbindung, deren Ergebnis die Band überhaupt nicht begeistert.

**23. JULI 1981**
*The Cure* eröffnen ihre nächste Amerikatournee im New Yorker Ritz. Anschließend fliegen sie an die Westküste, wo sie in Pasadena, im Whiskey A-Go-Go von Los Angeles und in San Francisco auftreten. Dann überquert die „Picture Tour" den Pazifik nach Neuseeland und Australien, bevor *The Cure* in zahlreichen kanadischen Cowboy-Lokalen auftreten.

**SEPTEMBER 1981**
Die Band hat 14 Tage Ruhepause. Dann beginnt am 30. September ihre Frankreichtournee, bei der sie wieder als Trio auftreten, nachdem Matthieu die Gruppe verlassen hat. Robert scheint das nicht sehr zu beunruhigen. „Das bedeutet nur, daß ich jetzt, wo die Keyboards fehlen, wesentlich mehr Arbeit habe, weil ich mehr Lärm machen muß. Aber in letzter Zeit war ich auf der Bühne ohnehin viel zu faul. Außerdem gibt es sowieso niemanden, der diese Stelle ausfüllen könnte, gerade jetzt, wo wir so populär geworden sind. Jemand bräuchte ungefähr zehn Jahre, um von uns auf der gleichen Ebene akzeptiert zu werden, auf der wir uns gegenseitig akzeptieren. Wir haben ein sehr offenes Verhältnis. Das ist wie eine Art Ehe, denn es ist die gleiche Intensität, auf der man aufbauen kann."

**17. OKTOBER 1981**
Nach Beendigung der Frankreichtournee kehrt die Band nach England zurück, wo inzwischen „Charlotte Sometimes"/„Splintered In Her Head" als neueste Single erschienen ist. Sie erreicht in den Charts Platz 44. Gleichzeitig tauchen Kopien eines amerikanischen Doppelalbums mit dem Titel „Happily Ever After", das aus den letzten beiden LPs der Band besteht, auf dem Importmarkt auf.

**21. NOVEMBER 1981**
Der NEW MUSICAL EXPRESS veröffentlicht einen zweiseitigen Artikel von Paul Morley, der den Eindruck erweckt, von Robert Smith geschrieben zu sein.

„Da wachst du auf und denkst: ‚Was zum Teufel hab' ich eigentlich in Kanada zu suchen? Warum lebe ich nicht irgendwo an der See und arbeite bei einem Gemüsehändler?' Wenn du dann eine Dose von Foster's an den Kopf kriegst, weißt du, daß du gerade in Australien bist. In Wirklichkeit sehen wir praktisch nichts von all den Ländern, durch die wir reisen. Man wagt es kaum, alleine auszugehen. Die paar Male, die ich alleine weggegangen bin, kam ich nicht zurück, und danach wußte ich nicht mehr, wo ich gewesen war."

**25. NOVEMBER 1981**
Start einer neuen Großbritannientournee im Lyceum in Sheffield mit *And Also The Trees* und *1313*, einem Duo aus Steve Severin und Lydia Lynch, als Vorgruppen. „Jo von *And Also The Trees* ist wirklich ein netter Kerl. Als die *Trees* mit uns auf Tournee waren, hat er in der

Garderobe immer Mark E. Smith imitiert, weil das Echo so gut war. Er hat das großartig gemacht, er kannte die ganzen Texte."

**26. NOVEMBER 1981**
Auftritt im Odeon in Edinburgh.

**27. NOVEMBER 1981**
Auftritt im Pavilion in Glasgow.

**28. NOVEMBER 1981**
Auftritt in der St.George's Hall in Bradford.

**29. NOVEMBER 1981**
Auftritt in der Kings Hall in Stoke.

**30. NOVEMBER 1981**
Auftritt im Apollo in Coventry.

**1. DEZEMBER 1981**
Auftritt im Dome in Brighton.

**3. DEZEMBER 1981**
Auftritt im Hammersmith Palais in London. Die letzte Nacht der Tournee. Danach ziehen sich Robert, Lol und Simon in ein Studio zurück, um Ideen für ihre nächste LP auszuarbeiten. Der Entschluß, sich vom Produzenten Mike Hedges zu trennen, mit dem sie seit „3 Imaginary Boys" zusammengearbeitet haben, fällt leichter, als die *Banshees* ihn bitten, ihr nächstes Album „A Kiss In The Dreamhouse" zu produzieren. In der Zwischenzeit beschließen *The Cure*, mit Phil Thornally zusammenzuarbeiten, zu dessen Kunden auch *Duran Duran* gehören.

# '82

**JANUAR 1982**
*The Cure* beginnen mit der Arbeit an ihrem vierten Album.

**6. MÄRZ 1982**
Der NEW MUSICAL EXPRESS verrät, daß die neueste *Cure*-LP „Pornography" heißen soll, zitiert aber einen Sprecher von Polydor: „Ob sie wirklich unter diesem Titel erscheint, bleibt noch abzuwarten."

**18. APRIL 1982**
Eröffnungskonzert der „Fourteen Explicit Moments Tour" in der Skating Bowl in Plymouth mit *Zerra 1* als Vorgruppe. Während dieser Tournee erscheint „Pornography" und wird sehr unterschiedlich aufgenommen. Der häufigste Vorwurf, der *The Cure* gemacht wird, ist, das Album sei „gewaltverherrlichend", ein Vorwurf, den Robert weit von sich weist.

„Die Platte hatte nichts mit Gewalt zu tun, sondern vielmehr mit der Unfähigkeit, gewalttätig zu sein, mit der Erkenntnis, daß Musik gar nicht gewalttätig genug sein kann, um ihre eigenen Grenzen zu durchbrechen. Auf musikalischem Gebiet wäre ich gerne gewalttätig, denn von 75 Prozent unserer Musik war ich enttäuscht. Viel mehr als das fertige Produkt habe ich die Proben genossen und die späteren Live-Auftritte. Die Live-Atmosphäre ist einfach viel besser."

„Das ist Phil Spector in der Hölle."(NEW MUSICAL EXPRESS)

In einem anderen Interview sagt Robert: „Viele Leute haben immer nur eine sehr oberflächliche Vorstellung von uns gehabt und halten uns noch heute für eine graue, trübsinnige Band. Dabei haben wir doch ganz unterschiedliche Sachen gemacht ... Ein Problem ist sicher, daß viele ‚17 Seconds', ‚Faith' und ‚Pornography' in einem Atemzug nennen, obwohl sie doch im Sound wie in den Texten sehr verschieden sind. Abgesehen von meiner Stimme sind ‚Faith' und ‚Pornography' so unterschiedlich, als stammten sie von zwei verschiedenen Gruppen."

Leider kommt die Wahrheit, die in diesen Bemerkungen steckt, in den Kritiken nicht heraus, die zu Roberts Bedauern meist auf „ein weiteres miserables Album von derselben alten miserablen Band" hinauslaufen. „Pornography" hatte eine frenetische Schärfe, die das Album „Faith" nur in „Primary" und „Doubt" annähernd erreichte, und obwohl es damals noch nicht danach aussah, zeigt diese LP im Rückblick schon die Risse in der Band, die in den folgenden Monaten immer deutlicher werden.

„Ich hasse die Vorstellung, für mein Publikum zu sterben. Schon bei der Arbeit an ‚Pornogaphy' kam mir öfter der Gedanke, daß Jan Curtis vor mir den Löffel abgegeben hat und ich ihm bald folgen würde."

**19. APRIL 1982**
Auftritt im Hexagon in Reading.

**20. APRIL 1982**
Auftritt in der Colston Hall in Bristol.

**21. APRIL 1982**
Auftritt im Dome in Brighton. „*The Cure* sind nicht in der Zeit stehengeblieben, die sie hervorgebracht hat. In diesen schweren Zeiten haben sie sich angepaßt und sind ebenso furchterregend geworden. Drei Jungs mit schrecklich vielen Ideen im Kopf ... Aber wovon singt Robert Smith eigentlich? Ich zweifle, ob seine Zuhörer das wissen. Ich weiß es jedenfalls nicht. In Live-Situationen ist Smith zweifellos faszinierend, so spröde, statisch und fast gefesselt, wie er vor dem Mikro steht, aber es ist vor allem die Einheit von *The Cure*, die die Zuhörer in ihren Bann zieht. Wenn sie Hammersmith erreicht haben, wird es nur wenige Gruppen geben, die live eine vergleichbare Ausstrahlung haben." (NME)

„Robert Smith scheint allmählich den Preis für seine Alkoholexzesse zu zahlen: Er wirkt schon ganz aufgeschwemmt. Bleib lieber bei deiner Prise aus Peru, Rob – die hat keine Kalorien ..." (RECORD MIRROR)

**22. APRIL 1982**
Auftritt im Gaumont in Southampton.

**23. APRIL 1982**
Auftritt im Sheffield Polytechnic.

*Hinter der Bühne in Berlin im Mai 1982.*

**24. APRIL 1982**
Auftritt in der City Hall in Newcastle.

**25. APRIL 1982**
Auftritt im Pavilion in Glasgow.

**26. APRIL 1982**
Auftritt im Playhouse in Edinburgh.

**27. APRIL 1982**
Auftritt im Apollo in Manchester.

**28. APRIL 1982**
Auftritt im Odeon in Birmingham.

**29. APRIL 1982**
Auftritt in der University of East Anglia in Norwich.

**30. APRIL 1982**
Auftritt in der Leicester University.

**1. MAI 1982**
Auftritt im Hammersmith Odeon in London zum Abschluß der Großbritannientournee. Anschließend fährt die Band für einen Monat auf den europäischen Kontinent.

**27. MAI 1982**
Auftritt in Straßburg.

Nach dem Konzert führt eine Prügelei zwischen Robert und Simon dazu, daß beide die Band verlassen. Lol bleibt, nachdem er sich vergewissert hat, daß zumindest Robert zur Gruppe zurückkehren wird.

**4. JUNI 1982**
Robert und Simon kommen rechtzeitig vor dem geplanten Konzert in Aix-en-Provence zurück.

**11. JUNI 1982**
Letztes Konzert der „Pornography"-Europatournee im Ancien Belgique in Brüssel. Unmittelbar danach verläßt Simon die Gruppe.

„Es gibt tausend Sachen, die ich lieber täte, als besoffen durch die Gegend zu ziehen und vor anderen Besoffenen zu spielen. Die Tournee war wie die Neuaufführung eines miserablen Films. Das ist, wie wenn man sich mit geschlossenen Augen an die Wand lehnt und dann, wenn man zu sich kommt, merkt, daß man immer noch am gleichen Ort ist wie ein Jahr zuvor."

„Wir wurden immer kaputter, und das hat auch bald die Leute hinter der Bühne angesteckt. 23 Leute, die zu Primitiven werden, sind kein sehr schöner Anblick. Wir waren eher wie eine Rugby-Mannschaft ..."

**JULI 1982**
„Hanging Garden" aus „Pornography" kommt als Single heraus und erreicht Platz 34 in den Charts. Auf einer längeren Version der Platte ist auch eine Auswahl älterer Songs, die live während der Tournee aufgenommen worden sind. Die Band aber ist nicht da, um ihren Erfolg zu feiern.

Nach einem Besuch in dem Studio, wo die *Banshees* gerade ihr Album „Kiss In The Dreamhouse" aufnehmen, fährt Robert mit Mary zum Campen nach Wales, während Lol einen vierwöchigen Urlaub auf dem Festland antritt. Keiner von ihnen hinterläßt eine Kontaktadresse, und Robert gibt später zu, daß sich *The Cure* zu diesem Zeitpunkt praktisch aufgelöst hatten.

„Mich hat alles angekotzt, die Band, das ganze Musikgeschäft, alles. Mit der Zeit nimmt einen die Sache so in Anspruch, daß man darüber hinaus nichts mehr wahrnimmt. Aber ich möchte mich noch als Mensch fühlen können, als eigene Persönlichkeit, nicht mehr nur als Mitglied einer Gruppe."

Während dieser Denkpause steigt Lol vom Schlagzeug auf die Keyboards um. „Wir wollen verhindern, daß wir abschlaffen. Wenn etwas nicht mehr spannend genug ist, machen wir eben etwas anderes. Bei *The Cure* hatte ich die Chance, mich als Drummer zu entwickeln, aber nach ‚Pornography' bekam ich langsam das Gefühl, daß ich meine Möglichkeiten auf diesem Gebiet erschöpft hatte."

**AUGUST 1982**
Roberts Unzufriedenheit innerhalb der *Cure* dringt an die Öffentlichkeit, als die Zeitschrift FLEXI-POP die Gruppe bittet, einen Song für sie aufzunehmen. „Lament", das Robert in seinem Urlaub geschrieben hat, wird von Robert und Steve Severin allein aufgenommen.

**OKTOBER 1982**
Inzwischen hat Chris Parry von den Streitigkeiten innerhalb der Band Wind bekommen. Er ruft Robert und Lol an und bittet sie, eine neue

*Im Londoner Rainbow im Mai 1980.*

Rechts: Robert im Camden Palace mit Budgie (oben), Siouxsie (Mitte) und Severin (unten).

Single aufzunehmen, die völlig anders als alle bisherigen Produktionen der Gruppe werden und mit den alten Mythen um die Band gründlich aufräumen soll. Mit dem Drummer Steve Goulding von *Wreckless Eric,* der die Lücke in der Band schließt, nehmen sie „Lets's Go To Bed" auf.

Als nächsten Schritt wollen sie ein Video zu dieser Platte machen. Parry nimmt Kontakt zu Tim Pope auf, dem erfolgreichen Regisseur von SOFT CELL.

„Das Stück ‚Let's Go To Bed' wäre nur halb so gut ohne das dazugehörige Video ... Wirklich sehr gelungen." (VIDEO WORLD)

„Let's Go To Bed" kommt auf Anhieb in die Top 50, auf Rang 44, aber Robert ist mit dem Song nicht hundertprozentig zufrieden. „Das ist kein *Cure*-Song", gesteht er dem RECORD MIRROR, und fügt hinzu, daß er ihn ursprünglich unter einem völlig anderen Titel herausbringen wollte. „Nicht, daß *Cure*-Songs nach einer bestimmten Formel aufgebaut sein müssen, aber irgendeinen Bedeutungskern haben sie immer. Von dieser Single bin ich so enttäuscht, weil wir uns hier zum ersten Mal Modeströmungen angepaßt haben. Wahrscheinlich gibt es nur ein paar tausend Menschen, die uns als Vorbilder betrachten, aber wenn ich einer von ihnen wäre, würde ich mich verraten fühlen. Etwas tun, was ich nicht ernst nehmen kann, nervt mich." Später sagt er: „Wenn wir je auf Platz eins der Hitparade kommen, löse ich die Band sofort auf. Ich will auch nie erleben, daß wir dieses Ziel anstreben. Das wäre der absolute Schwachsinn."

NME sagt er: „‚Let's Go To Bed' war wie eine Party. Statt uns zu besaufen, haben wir eine Platte gemacht." Und MELODY MAKER erklärt er: „Es sollte eigentlich eine Solo-Single werden, so daß ich die Verantwortung dafür allein übernehmen konnte. Sie war ja nicht einmal kommerziell, denn dafür war sie wieder nicht blödsinnig genug, und deshalb ist die Platte auch nicht weit gekommen. Sie wurde ja nicht einmal im Radio gespielt."

**NOVEMBER 1982**

John McGeoch, der zu den *Banshees* kam, nachdem Robert zur *Cure* zurückgekehrt war, verläßt die Band, und Robert muß wieder als Ersatz einspringen. Während er mit den *Banshees* in Großbritannien und Europa auf Tournee ist, produziert Lol ein Album für *And Also The Trees.*

Kein Wunder, daß Roberts Gastspiel bei den *Banshees* Nichteingeweihten Anlaß zu Gerüch-

ten gibt, *The Cure* sei endgültig auseinandergebrochen. Auch Roberts Äußerungen sind nicht geeignet, diese Gerüchte zu zerstreuen: „Jetzt über *Cure* zu reden ist, wie ein altes Spiel wiederaufzunehmen, dessen Regeln man vergessen hat. Die *Cure* bringt mich nicht zur Verzweiflung. Viel schlimmer ist, daß ich nie so gut sein werde wie Bach oder Prokofjew."

**18. Dezember 1982**

Robert fragt MELODY MAKER: „Gibt es die *Cure* eigentlich noch? Ich frage mich das selbst. Als ich 90 Prozent von ‚Pornography' geschrieben hatte, konnte ich nicht einfach gehen, weil es ohne mich nicht mehr die *Cure* gewesen wäre. Aber unter diesen Bedingungen macht es mir wirklich keinen Spaß mehr. Jetzt stecke ich vier Jahre in der Sache drin und habe allmählich die Schnauze voll davon, ständig dieselben Leute um mich zu sehen. Ich war so ausgelaugt, daß ich eine Pause gebraucht habe, und so gesehen gibt es die *Cure* wirklich nicht mehr für mich. Sicher, der Name existiert noch, aber mir ist das alles egal."

„Alle sagen zu mir: ‚Ihr dürft euch nicht trennen', weil wir eine Art Institution geworden sind. Aber das ist eher ein Grund für mich, gleich alles hinzuschmeißen. Ich finde es grauenhaft, sehen zu müssen, wie andere Bands langsam vor die Hunde gehen ..."

In seinem bis dahin vielleicht offensten Interview sagt er dem Schriftsteller Steve Sutherland: „Ich wäre immer gern so gewesen, wie ich mir bestimmte Bands vorgestellt habe – *Joy Division, New Order, The Banshees, Echo And The Bunnymen,* um nur ein paar zu nennen –, die eine gewisse Intensität bewahrt haben.

Genau das wollte ich immer mit *The Cure* erreichen, aber dem standen zu viele Dinge im Weg, die wir selber zu verantworten haben. Statt zu versuchen, von dieser frühen Phase wegzukommen, haben wir viel zu lange mit ihr kokettiert. Jetzt wird mir erst klar, wie falsch es war, daß wir uns nicht viel früher als eigenständige Persönlichkeiten konstituiert haben.

Aber das war mehr aus Apathie als aus Absicht. Wir haben uns nicht bewußt entschieden, dieses Image beizubehalten, sondern waren nur zu bequem, uns ein neues zuzulegen. Aber das alles hat mich nie beunruhigt. Solange ich mir das Zeug, das wir produzieren, selbst gekauft hätte, war das Grund genug für mich, die Platten zu machen."

Einige Monate später sagt Lol: „Ich habe nie daran gedacht, daß die *Cure* auseinanderbrechen könnte, weil dazu das Verhältnis zwischen Robert und mir viel zu eng ist. Aber letzten Endes gibt es immer etwas, was uns wieder zusammenbringt."

*Alle Aufnahmen außer oben: „The Love Cats". „Grundlage des Songs war ursprünglich die fiktive Geschichte einer Katze, die Junge bekommt, welche in einen Sack gesteckt und in einen See geworfen werden, aber dann entwickelte sich alles anders."*

# '83

## JANUAR/FEBRUAR 1983

Die *Banshees*-Tournee kommt nach Australien, Neuseeland und Japan. Dort sagt Robert zu einem Journalisten: „Ich komme sehr gut mit Siouxsie aus, was eigentlich merkwürdig ist, weil das nur die wenigsten schaffen. Wahrscheinlich deshalb, weil ich sie nicht ernst nehme; es ist wohl ein neues Gefühl für sie, daß jemand kommt und sagt: ‚Halt's Maul.' Die meisten haben zuviel Schiß vor ihr."

Über seine Rolle bei den *Banshees* sagt er: „Ich bin einfach da. Ich bin einfach der Gitarrist der *Banshees*. Es gibt da keine formale Regelung, und vielleicht klappt's deswegen so gut. Sie finden es nicht so toll, daß ich so viel nebenbei mache. Und wenn ich sie beim Pool-Billard schlage, sind sie sauer." Er und Siouxsie, sagt er, haben „ein Verhältnis wie in einer Karikatur. Wie Batman und Robin werden wir in verschiedenen Situationen zu verschiedenen Figuren. Für sie bin ich wohl eher der Pinguin."

## MÄRZ 1983

Robert kommt mit den *Banshees* nach London zurück und wird vom Choreographen des Royal Ballet, Nicholas Dixon, gefragt, ob er „Les Enfants Terribles" instrumentieren möchte. Robert schlägt vor, sich erst mal an einem weniger ehrgeizigen Projekt zu versuchen, und so choreographieren sie zusammen „Siamese Twins" (aus „Pornogaphy") für das Fernsehen. Mit Lol an den Keyboards, Steve Severin am Baß und Marc Almond's Venomettes als Hintergrundstimmen wird der Song live aufgeführt und bekommt gute Kritiken. Doch weder Robert noch Dixon sind voll zufrieden, und das Ballett wird zunächst auf Eis gelegt.

Unmittelbar darauf beginnen Robert und Steve mit der Arbeit an etwas, das sie als „psychedelic pastiche" bezeichnen, „The Glove" (genannt nach einer der Figuren im Beatles-Film „Yellow Submarine"). Die Idee haben sie schon lange, aber bisher kamen immer andere Verpflichtungen dazwischen. Doch jetzt, wo *Cure* und *Banshees* auf Eis liegen und von letzteren Siouxsie und Budgie sich gerade als *The Creatures* versuchen, gehen Severin und Robert in den Britannia Row Studios an die Arbeit. Budgies Freundin Jeanette Landray, Tänzerin und ehemalige Choreographin, schließt sich ihnen als Sängerin an.

Jeanette sagt dazu: „Besonders weil es so eindeutig das Projekt von Robert und Steve war, hatte ich eine merkwürdige Rolle: Ich war zwar dabei, hatte aber nichts zu sagen, fast wie ein Session-Musiker. Ich weiß nicht, was ich damals erwartet habe, aber wenn man mir so etwas noch einmal anbieten würde, wäre mir die Problematik dabei jetzt viel klarer. Nicht, daß ich verbittert wäre, aber ich mußte mich schon sehr zusammennehmen, um die Sache so gelassen zu sehen, denn ich habe damals keine Ahnung gehabt, wie wenig ich von mir in das Album einbringen konnte. Irgendwie fühle ich mich immer noch wie eine Stimme ohne Gesicht. Aber ich wußte ja immer, daß das Steves und Roberts Kind sein würde, deshalb kann ich mich nicht beschweren ..."

Ursprünglich sollte das Projekt mit einer Single enden. „Aber nach drei Tagen im Studio hatten wir schon 15 Songs. Daraus haben wir eine Platte gemacht. Eine seltsame Platte. Ein Anachronismus. Nein, das ist Severins Antwort auf die *Creatures*. Die Idee hatten wir eigentlich schon bei der Arbeit an ‚Faith'. Aber es ist ganz anders geworden, als wir uns vorgestellt hatten. Ein richtiges Sommeralbum, lauter Songs mit verrückten Instrumenten." Über Jeanettes Beitrag sagt Robert: „Sie hatte vorher nie wirklich gesungen. Teilweise singt sie ganz gut, aber in machen Songs ... Wahrscheinlich hat sie nicht genug Zeit zum Proben gehabt. Erst war sie auch total schockiert von Stellen wie ‚Fuck me to death' und nicht besonders glücklich darüber, daß sie das singen sollte ..."

Inspirationen zu diesem Projekt holen sich Robert und Steven durch den Massenkonsum von Horrorfilmen zwischen den Sessions.

„Ein Angriff auf die Sinne", kommentiert Robert später. „Um sechs Uhr morgens kamen wir aus den Studios, zogen uns dann diese kaputten Filme rein und hatten natürlich anschließend entsprechend gräßliche Träume. Kaum waren wir aufgewacht, gingen wir wieder ins Studio. Der reinste Kurs in geistiger Selbstverteidigung ... Wir müssen damals um die 600 Videos gesehen haben! Und all die Bilder, die wir gesehen hatten, kamen in die Songs. Das klang wie 15 verschiedene Gruppen, wie ein Sammelalbum von K-Tel."

„Daneben hat uns noch der ganze Schrott beeinflußt, den wir beim Lesen von idiotischen Zeitschriften vorgefunden haben. Aus all den Bildern, die wir daraus ausgeschnitten hatten, machten wir riesige Collagen."

Gleichzeitig sollte das Album aber auch einen gewissen Hörgenuß vermitteln, wie Robert zu INTERNATIONAL MUSICIAN sagt, und „nicht wie das selbstgefällige Album zweier alternder Hippies klingen."

In einem Interview mit SMASH HITS fügt er hinzu: „Severin bringt die leichtere Seite meines Charakters zum Vorschein, weil er ziemlich mürrisch ist und ich das dadurch zu kompensieren versuche, daß ich mich übertrieben fröhlich gebe. Bei Lol dagegen überkommt mich nur eine zynische Lethargie. Ich glaube, er hat einen massiven Persönlichkeitsdefekt aufgrund unterdrückter animalischer Instinkte. Aber sonst ist er ganz nett."

Zu FLEXI-POP sagt Robert: „Ich brauch' Urlaub. Jede Woche will ich weg, aber jede Woche bin ich in einer anderen Band!"

**12. MÄRZ 1983**

MELODY MAKER verkündet, daß „Simon Gallup, der Baßgitarrist, der kürzlich *The Cure* verlassen hat, zusammen mit einem anderen Ex-*Cure*-Mitglied eine Gruppe namens *Cry* gründen will. Neben Gallup und Keyboarder Matthieu Hartley besteht sie noch aus Stuart Curran, Ian Fuller und einem gewissen Tot." Als die Band später hört, daß es eine *Cry* schon gibt, ändert sie ihren Namen in *Fools Dance*.

**APRIL 1983**

*The Cure* bekommt eine Hauptrolle in einer Fernsehshow angeboten. Man schlägt ihnen vor, „Let's Go To Bed" und „Just One Kiss" zu spielen, aber Robert entscheidet sich für „Figurehead" und „One Hundred Years." Mit Andy Anderson, Schlagzeuger von *Brilliant*, und Derek Thompson, Pianist bei *SPK*, legen Robert und Lol eine Vorstellung hin, die alle Zweifel bezüglich der Zukunft von *Cure*, die sie selbst und andere gehabt haben, vom Tisch fegt.

„Es war ein Riesenspaß, weil wir wirklich live gespielt haben. Außerdem war es ein tolles Gefühl, mit *Kajagoogoo* in der gleichen Sendung zu sein."

Fast unmittelbar darauf beginnen sie mit der Arbeit an ihrer neuen Single „The Walk".

**JULI 1983**

„The Walk"/„Upstairs Room" kommt heraus und wird sofort ein Hit, der es bis Platz 12 bringt. Robert: „Das einzig Gute daran ist, daß der Song jetzt im Radio gespielt wird. Nicht, daß ich eingebildet wäre, aber ich finde, er ist immer noch besser als 90 Prozent dessen, was zur Zeit im Radio läuft."

„Daß er so hochklettern würde, hätte ich nicht gedacht, aber ich wußte schon, daß was in der Luft liegt, als der Song sogar meiner Mutter gefiel. Ansonsten kann sie die Sachen von *Cure* nicht ausstehen."

„Es fällt mir schwer zu erklären, was ich für wichtig halte, aber ich höre mir lieber ‚One Hundred Years' an als ‚The Walk'. LPs sind mir immer noch lieber als Singles. Alle unsere Singles sind nur seltsame Produkte unserer Phantasie, blöde Singles eben ... Seit ‚Pornography' haben wir nichts als blöde Singles gemacht."

„Wir wußten, daß man ‚The Walk' mit ‚Blue Monday' vergleichen würde (ein Hit von *New Order*, etwa zur gleichen Zeit erschienen), aber das war kein Grund, die Platte nicht herauszubringen."

Später sagt er: „Es überrascht mich, daß ‚The Walk' zehnmal so viele Leute gekauft haben wie ‚Charlotte Sometimes', aber es ärgert mich nicht. Unsere Platten sollen sich schließlich keine Konkurrenz machen." Für holländische Fans kommt das Mini-Album „The Walk" heraus, das zusätzlich Songs aus der vorherigen Single enthält.

Mit Hilfe von „The Walk" erscheint die Band zweimal in Top Of The Pops. Ein Video, das wieder unter der Leitung von Tim Pope hergestellt worden ist, wird von der BBC abgelehnt; vermutlich konnten sich die Verantwortlichen nicht mit dem Make-up der Bandmitglieder anfreunden, das diese für jede Einstellung wechselten. Bei der ersten TOP-Show tritt Porl Thompson zusammen mit Andy Anderson auf, bei der zweiten mit Phil Thornally.

Thornally ist vor allem durch seine Arbeit als Toningenieur für Gruppen wie *The Psychedelic Furs*, Paul Mc Cartney, *Duran Duran* und die *Thompson Twins* bekannt geworden. „Er wollte zur Abwechslung ein bißchen auf Kultur machen", meint Robert.

„Ich bin wohl ein wenig hyperaktiv", antwortet Thornally.

„Die Tatsache, daß *The Cure* in Top Of The Pops kamen, war fast so absurd wie das Geschwätz von Jimmy Savile. Sie wirkten total gelangweilt, aber von *Cure*-Fans bis zu solchen, die *The Cure* nicht von *Culture Club* unterscheiden können, interpretierten alle Smiths unterdrücktes Gähnen als enigmatische Arroganz. So stark ist die Macht des Images, so wirkungsvoll schwarze Kleidung." (MELODY MAKER)

*Robert und „Tänzer" Lol im Video zu „The Walk", in dem sie ihr Make-up für jede Szene wechselten.*

*The Glove wurde ursprünglich nur für eine Single gegründet, aber dann „hatten wir schließlich 15 Songs in drei Tagen und machten eine Platte daraus."*

Etwa zur gleichen Zeit tritt Robert auch mit *The Glove* im Riverside-Programm mit dem Titel „Punish Me With Kisses" auf.

**AUGUST 1983**

*The Cure* – Robert, Lol, Andy und Phil – spielen als Hauptgruppe beim Elephant Fayre in St.Germains in Cornwall. Gewissermaßen zum Warmspielen geben sie vorher Konzerte in Bath und Bournemouth.

„Nach der Show kamen die Leute und sagten: ‚Das war wirklich schön', aber das hatten wir nicht gewollt. Wir hatten lauter nostalgische Sachen gespielt. Irgendwie habe ich das Gefühl, daß ich durch unseren Live-Auftritt den großen Sprung, der zwischen ‚Pornography' und unseren nächsten Songs liegt, verwischt habe."

„Das war reine Unterhaltung ... Sicher hatten wir nicht die gleiche Power wie zuvor, aber das wäre auch unmöglich gewesen. Ich kann mir nicht vorstellen, je wieder etwas so Intensives wie die ‚Pornography'-Tournee zu machen. Wir haben nicht die Absicht, vergangenem Ruhm nachzujagen. Mit Phil und Andy ist alles sowieso ganz anders als vorher mit Simon."

„Robert Smith steigt aus der Dichtung zu neuen Höhen empor. Einige der Schlüsselwörter, ohne die kein *Cure*-Song auskommt, sind: ‚Mund', ‚Finger', ‚Auge', ‚kalt', ‚Kuß', ‚Spiegel', ‚sterben', ‚weinen' und als wichtigstes von allen ‚Ich'." (NME)

Nach der Fayre-Show geht die Band auf eine kurze Tournee nach Amerika.

Lol sagt über diese Tournee: „Das war ganz lustig, weil die Hälfte der Zuschauer genau die Leute waren, die ich erwartet hatte, vor allem solche, die unsere Platten gekauft hatten. Die anderen 50 Prozent hatten ‚Let's Go To Bed' im Fernsehen gesehen. 14jährige Schülerinnen flippten richtig aus und kreischten wie wild. Wirklich lustig ..."

„Das war fast wie bei den Beatles", fährt er fort." „Am Ende wurde es ein bißchen absurd. Ich hätte nie gedacht, daß bei einem *Cure*-Konzert jemals Büstenhalter auf die Bühne fliegen würden. Ich hab' mich halb tot gelacht ..."

Nach dieser Tournee nehmen sie im Pariser Studio Des Dames die bis dahin atypischste *Cure*-Single, „Love Cats", auf.

„Das sollte eher ein bewußt amateurhaft gemachter Pop-Song sein als ein ernsthafter Nachfolger von ‚The Walk'. Eineinhalb Jahre zuvor hätten wir so etwas nie gemacht, weil das gegen unsere musikalischen Vorstellungen verstoßen hätte. Aber jetzt sind wir viel lockerer geworden und nehmen uns ungeniert und rücksichtslos die Freiheit, auch mal eine solche Single herauszubringen."

Im gleichen Monat kommt „Like An Animal" von *The Glove* auf den Markt.

**SEPTEMBER 1983**

Robert fährt mit den *Banshees* nach Italien. Sie spielen in Rom und nehmen in Venedig ein Video auf. Roberts erste Aufnahme mit der Band ist eine Version des Beatles-Songs „Dear Prudence". „Was kommt wohl als nächstes," fragt sich NME, „etwa ‚Bungalow Bill'?" Anschließend fährt die ganze Mannschaft zu einer Tournee nach Israel.

Robert beginnt inzwischen mit der Arbeit am nächsten *Cure*-Album, während in England die LP „Blue Sunshine" von *The Glove* auf den Markt kommt.

„Wir haben ‚Blue Sunshine' diesen Titel gegeben, weil es ein richtiges Sommeralbum ist. Schon die verwendeten Instrumente klingen sehr sommerlich, und ich glaube, daß die Platte für uns eine Art Andenken an diesen langen, heißen Sommer bleiben wird. Es war ein sehr sanftes Album und hat sich vielleicht deshalb in England so schlecht verkauft, aber in der restlichen Welt lief es ganz gut, sogar in Ländern, wo wir das nie erwartet hätten!"

**30. SEPTEMBER/1. OKTOBER 1983**

Die *Banshees* geben Konzerte in der Royal Albert Hall in London, die im Fernsehen übertragen und für das geplante Doppelalbum „Nocturne" aufgezeichnet werden.

Robert gesteht: „Ich versuche meistens immer noch vergeblich, wie John Mc Geoch Gitarre zu spielen. Wenn ich so weitermache, bin ich der nächste, der zusammenklappt. Aber im Augenblick macht es Spaß. Das ist ein Balanceakt, und solange ich nicht auf die Schnauze falle, ist es o.k."

„Nocturne" wird jedoch von der Musikpresse nicht sehr gnädig aufgenommen. „Viele Kritiker hielten das Album für eine endgültige

Absage an den Punk und an die Ideale jeder Punk-Band, vor allem jener Gruppe, die einst vom NEW MUSICAL EXPRESS als ‚die subversivste und stimulierendste Band des Jahres 1978' bezeichnet worden war." (RECORD COLLECTOR)

**25. OKTOBER 1983**

„Love Cats"/„Speak My Language" kommt heraus. Für Robert ist es die letzte Platte der „phantastischen Trilogie" von *The Cure*, und es ist ihre bislang erfolgreichste überhaupt, denn sie erreicht Platz 7 in den Charts. „Jetzt geht's abwärts. ‚Pornography' hat uns schon an den Rand des Abgrunds gebracht, die nächste Platte stößt uns hinunter."

„Songs zu schreiben war immer schwierig für mich. ‚Love Cats' stand für die fiktive Vorstellung, daß eine Katze Junge kriegt, die man dann alle in einen Sack steckt und ins Wasser wirft. Der Ausdruck stammt ursprünglich aus einem Roman von Parick White, ‚The Cockatoos', in dem es hieß: ‚Seine Katze war von einem unbekannten Kater schwanger geworden, und deshalb nannte man ihre Jungen die Liebeskatzen.' Sobald sie geboren waren', heißt es im Buch, ‚steckten wir die Liebeskatzen in einen Sack und warfen sie in den See'. Diese Zeile sollte den Refrain unseres Songs einleiten, aber ich konnte das einfach nicht singen."

Später gibt er zu, daß er eine Schwäche für Katzen hat: „Sie machen immer nur lustige Geräusche, ficken, fressen und schlafen".

„Manche schreiben mir, wir wären am Ende, aber das sehe ich nicht so. Wir haben ‚Love Cats' nur gemacht, damit die Leute endlich aufhören, uns in bestimmte Schubladen zu stecken. Nach all den Tourneen wollten wir dieses Jahr eine Pause einlegen, und deshalb haben wir nur drei völlig verschiedene Singles gemacht. Sie sind mehr Experimente als sonstwas, ganz einfach Songs, mit denen wir unseren Spaß hatten." Und abgesehen von diesen Singles, „die Experimente waren, machen wir nur Platten, die auf bestimmten Lebenserfahrungen beruhen. Wir müssen das Gefühl haben, daß es sich lohnt. Im Augenblick sammeln wir noch Ideen für eine neue LP."

„Wenn wir nur noch Songs wie ‚Love Cats' machen würden, könnte ich mich gleich erschießen."

Im Video sieht man die Band in einem Raum voller Katzen, aber Lol sagt, „das Lustigste bei der Arbeit am Video war die Frau, die die Katzen betreute. Sie sah mehr wie eine Katze aus als alle ihre Katzen zusammen. Wir hatten etwa 30 Katzen, aber sie wollten nie tun, was sie sollten. Wir hatten Unmengen Katzenfutter strategisch günstig verteilt, um die Tiere ins Blickfeld der Kamera zu locken, aber sie haßten ihre ausgestopften Artgenossen und rannten davon, als wir sie hereinließen."

„Ob ‚Love Cats' ihre bisher beste Single ist, darüber läßt sich streiten." (INTERNATIONAL MUSICIAN)

**NOVEMBER 1983**

In Top Of The Pops vergißt Robert den Text von „Love Cats", aber die Single wird trotzdem Nummer sieben. Eine zweite Single von *Glove*, „Punish Me With Kisses", wird dagegen ein Flop. Über die Zukunftspläne von *Glove* sagt Robert: „Wir wollen vielleicht ein Album mit dem Titel ‚Music For Dreams' machen, aber das ist noch nicht ausgereift. Bisher haben wir nur im Suff darüber geredet."

**DEZEMBER 1983**

„Japanese Whispers", eine Zusammenstellung aus ihren letzten drei Singles und deren B-Seiten, kommt auf den britischen Markt,

*Das „Love Cats"-Video.*

*Rechts: „In Between Days."*

*Unten: Robert bei den Filmaufnahmen zu „In Between Days".*

# '84

obwohl sie ursprünglich nur für Japan und Deutschland gedacht war. Daraufhin warnt Bill Black von SOUNDS seine Leser: „Vorsicht! Alles deutet darauf hin, daß Smith bei seinem nächsten Album wieder ins alte Fahrwasser zurück will. Nutzt die Gunst der Stunde!“

Smith antwortet: „Es ist schon verrückt. Wenn wir jetzt etwas Ernsthaftes machen, werden die Leute sagen, das ist ja richtig morbide, so kenne ich die *Cure* gar nicht, ich dachte immer, sie seien eine Popgruppe.“

**18. DEZEMBER 1983**

RECORD MIRROR fragt Robert, was ihn an anderen Gruppen am meisten ärgert. „Ich amüsiere mich immer köstlich, wenn diese vollsynthetischen Gruppen wie *Duran Duran* alles tun, um möglichst viel Geld zu machen, und dann plötzlich als Künstler ernstgenommen werden möchten. Ober wenn *Adam Ant* mit seinem ‚neuen Image‘ auftaucht und dabei nur ein anderes Hemd anhat. Früher habe ich mir die grausamsten Foltermethoden für solche Typen ausgedacht, aber inzwischen bin ich ein bißchen toleranter geworden.“

**25. DEZEMBER 1983**

Robert feiert in Top Of The Pops gleichzeitig mit den *Banshees* („Dear Prudence“) und *The Cure* („Love Cats“) deren bis dahin jeweils größten Hit.

„Wir lächeln nicht genug, um da hineinzupassen [in Top Of The Pops]. Es fällt mir einfach schwer, so zu tun, als könnte ich durch die Kamera in die Wohnzimmer von all den Millionen sehen, die uns so innig lieben. Das ist doch eine einzige Farce. Ich sehe deshalb so gelangweilt aus, weil ich mich wirklich dabei langweile. Wir machen das alles nur, weil es sonst andere machen würden.“

**JANUAR 1984**

Robert arbeitet mit den *Banshees* an ihrem neuen Album „Hyaene“ und mit den *Cure* an „The Top“. Daneben findet er noch Zeit, Tim Pope bei seiner neuesten Single „I Want To Be A Tree“ zu unterstützen.

Die Arbeit an beiden LPs wirft Probleme auf. Besonders die Sessions der *Banshees* ziehen sich in die Länge, weil Robert wegen *The Cure* zuwenig Zeit für sie hat. Sogar bei der Endabmischung fehlt er, worauf Steve Severin sich beklagt: „Er macht eine weitere Weltraumoper mit *The Cure* ... Schade, er ist wirklich gut im Studio, und es ist immer besser, zwei Ohren mehr dabei zu haben.“

Auf der anderen Seite leidet „The Top" darunter, daß sich der Baßgitarrist Phil Thornally gerade in Australien aufhält, wo er als Toningenieur an *Duran Durans* jüngstem Album „Seven And The Ragged Tiger" arbeitet. Robert füllt die Lücke selbst.

Die Single von Tim Pope dagegen läuft geradezu traumhaft. Pope selbst meint dazu: „Ich mußte einen Zusammenschnitt meiner Filme machen, und so habe ich mir die besten davon ausgesucht und daraus eineinhalb Stunden zusammengestellt. War gar nicht so einfach. Am Schluß wollte ich was richtig Blödes haben, und da fiel mir dieser Song ein, den ich mit einem Freund geschrieben hatte, als ich 18 war. Über Weihnachten haben wir ihn aufgenommen, und dann habe ich ihn einigen Bekannten aus der Branche vorgespielt, die gerade in London waren. Das war ein Riesenspaß, und innerhalb einer Woche wurden mir sieben Plattenverträge angeboten."

**MÄRZ 1984**

Die *Banshees* bringen ihre Single „Swimming Horses" heraus. Um sie dem Publikum vorzustellen, gehen sie – wieder mit Robert als Gitarrist – auf Tournee. „Der dicke Smith hat nichts mit dem neuen Album zu tun", stellt Siouxsie klar, „außer daß er mitspielt."

„Was Siouxsie betrifft, bin ich nichts weiter als der Gitarrist ihrer Band. Ich weiß selbst nicht, warum das alles so gut läuft. Wahrscheinlich haben sie es langsam satt, daß ich so viele andere Dinge mache und sie sich ständig nach mir richten müssen, aber zum Glück haben wir wenigstens eines gemeinsam: Wir mögen keine Tourneen, die sechs und acht Wochen oder länger dauern."

Bei anderer Gelegenheit sagt Robert: „Ich mußte meinen Gitarrensound so stark umstellen, daß er fast nicht mehr als mein eigener zu erkennen ist. Ich spiele daneben auch noch Klavier, Orgel und sogar Sitar, ein richtiges Potpourrie. Darüber hinaus haben wir mit allen möglichen Gegenständen experimentiert, mit denen sich Geräusche erzeugen lassen ..."

Später gibt er jedoch zu, daß er mit dem Album nicht allzu glücklich ist. „Nach *The Glove* und der ganzen psychedelischen Spielerei fand ich, daß es höchste Zeit für die *Banshees* war, wieder einfachere Sachen zu machen. Die Platte sollte nicht Teil zwei von ‚Kiss In The Dreamhouse' werden. Severin und ich haben ganze Nächte daran gesessen und dies und das aufgenommen, sehr einfache, fast rohe Songs. Aber die Produktion hat alles glattgebügelt."

„Ich arbeite mit den *Banshees*, als ob ich dazugehöre, aber ich habe im Grunde genommen nicht viel zu sagen. Deshalb gehe ich immer gerne zu *The Cure* zurück. Ich bin *The Cure.*"

Während er auf Roberts Rückkehr wartet, produziert Lol „Today" von *Baroque Bordello* und „The Secret See" von *And Also The Trees.* „Daß wir unterschiedliche Dinge machen, ist gut", meint er. „Ich werde bald mit ein paar Freunden eine Solo-Single aufnehmen. So etwas hält uns eher zusammen, als daß es uns auseinanderbringt."

**3. MÄRZ 1984**

Als in der britischen Musikpresse die Termine für die jüngste *Cure*-Tournee bekanntgegeben werden, bilden sich schnell Schlangen vor den Verkaufsstellen.

**24. MÄRZ 1984**

Die Tournee wird um einen dritten Auftritt im Hammersmith Odeon ergänzt.

**30. MÄRZ 1984**

„The Caterpillar"/„Happy The Man" kommt als neueste *Cure*-Single heraus. Julie Burchill vom NME kommentiert, Robert sitze nun „charmant mit gekreuzten Beinen im Garten englischer Exzentrizität". In Tim Popes Video erscheint die Band in einem Gewächshaus, wo in vager Anlehnung an den „Love Cats"-Film Musiker und Instrumente von Raupen bedeckt sind. Die Band hat auch einen „umstrittenen" Auftritt in Top Of The Pops, wo sie im Schneidersitz auf der Bühne sitzen. „Wir waren vollkommen geschafft. Wir hatten die ganze Nacht im Studio gearbeitet. Warum hätten wir also stehen sollen? Vielleicht komme ich nächstens sogar im Bett auf die Bühne ..."

Über die zunehmend esoterische Musik der Band sagt Robert: „In den vier Jahren, die wir mit Fiction und Polydor zusammengearbeitet haben, ist denen klargeworden, daß sie mit Druck das Gegenteil von dem erreichen, was sie wollen. Inzwischen tolerieren sie mich als schwierigen, aber billigen Halbidioten. Daß wir nie bei einer Plattenfirma in der Kreide standen, hat uns mehr Freiheiten eingebracht als anderen. Ich habe die *Cure* nie als meine Karriere gesehen. So etwas läßt sich nicht bewußt planen; das kann jeden Augenblick in die Brüche gehen oder genausogut noch Jahre so weiterlaufen. Das bedrückt mich nicht, weil ich nie plane. Im Augenblick mache ich so viele Sachen gleichzeitig, weil ich es satt habe, mich immer nur auf ein bestimmtes Gebiet zu konzentrieren. Der einzige Nachteil dabei ist,

daß ich weniger Zeit für andere Dinge habe als früher. Seit drei Monaten habe ich keinen freien Tag mehr gehabt, und langsam zehrt das an der Substanz."

**APRIL 1984**

Zur Vorbereitung ihrer jüngsten Tournee treten *The Cure* in der Oxford Road Show auf. Inzwischen äußert die *Glove*-Sängerin Jeanette Landray gegenüber ZIGZAG: „Das *Glove*-Projekt ist praktisch beendet. Vielleicht nehmen wir noch das eine oder andere Stück auf, aber ich habe jetzt meine eigenen Pläne ..."

**21. APRIL 1984**

Der RECORD MIRROR fragt Robert, was er tun würde, wenn er Premierminister wäre. „Ich würde die politischen, juristischen, sozialen und wirtschaftlichen Strukturen und Systeme grundlegend erneuern."

**26. APRIL 1984**

Auftritt im Edinburgh Playhouse zum Start der neuen *Cure*-Tournee. Robert: „An den Drummer Andy bin ich rein zufällig geraten. Jemand hat uns miteinander bekannt gemacht, und obwohl er eine ganz andere musikalische Vergangenheit hat, kamen wir gut miteinander aus. Technisch ist er wahrscheinlich der beste von uns. Phil haben wir als Toningenieur von ‚Pornography' kennengelernt, als er schon von der ewigen Studioarbeit die Nase voll hatte und plötzlich auf die Idee kam, daß er lieber Baßgitarre spielen würde. Porl war ja schon in der Originalbesetzung der Gruppe dabei und lebt seither mit meiner Schwester zusammen. Er ist für die künstlerische Gestaltung der Alben und Singles zuständig. Und Lol werde ich anscheinend sowieso nie mehr los."

**27. APRIL 1984**

Auftritt im Apollo in Glasgow.

**29. APRIL 1984**

Auftritt im Odeon in Birmingham.

**30. APRIL 1984**

Auftritt in der Royal Concert Hall in Nottingham.

**MAI 1984**

Die *Banshees* bringen ihre nächste Single „Dazzle" heraus, ein üppig produziertes Epos, das SMASH HITS als „absolut gigantisches Aufeinandertreffen der Onedin-Linie mit dem Sound der Sechziger" beschreibt. Für Robert klang es „so ähnlich wie *The Glitter Band* oder *Sweet*. Und dann haben sie auch noch das Orchester reingebracht."

Mitten in der *Cure*-Tournee kommt „The Top" auf den Markt und löst aufgeregte Kritiken aus.

„Das war für mich wie ein Neuanfang, wie die Arbeit an ‚3 Imaginary Boys'. Ich hatte so viele Sachen im Kopf, daß alles mögliche daraus hätte werden können."

Robert warnt seine Fans: „Leute, die uns erst durch unsere letzten Singles kennengelernt haben, werden schockiert sein." Auf die Frage, ob das nicht ein wenig unfair sei, antwortet er: „Lassen Sie uns doch das bißchen Spaß." Später aber gibt er zu: „‚The Top' war so verrückt, daß ich fürchtete, die Leute würden ein falsches Bild bekommen, wenn ich so weitergemacht hätte."

Robert spielt nicht nur alle Instrumente außer dem Schlagzeug, sondern hält dieses Album auch für sein Debüt als Sänger. „Bis dahin hatte ich nur gewinselt, aber bei den neuen Songs hätte das unmöglich geklungen, und so mußte ich versuchen zu singen. Meine Stimme ist besser geworden, aber es ist immer noch verdammt anstrengend, sie anders klingen zu lassen."

In einem weiteren Interview mit INTERNATIONAL MUSICIAN gesteht Robert: „Ich glaube, daß ich unterbewußt beschlossen habe, ‚The Top' anders zu machen als unsere früheren LPs. In ihrer Vielfalt an Stimmungen und Stilen ähnelt die Platte unserem ersten Album mehr als allen anderen, aber der Inhalt ist ein ganz anderer als der von ‚3 Imaginary Boys."

*Rechts: Andy Anderson, Lol, Phil Thornally und Robert.*

*Unten: Von links nach rechts: Boris Williams, Robert, Lol, Porl und Simon.*

*Kleines Foto ganz rechts: Robert und seine Freundin Mary Poole.*

„Es ist schon verrückt. Abgesehen von der letzten LP war ich vermutlich von 75 Prozent unserer Produktionen enttäuscht, aber wenn wir dann diese Sachen auf der Bühne spielen, scheinen sie wieder sehr lebendig zu werden. Die Live-Atmosphäre hat der *Cure* immer gut getan, da ist die Gruppe mit Siouxsie nicht zu vergleichen."

SOUNDS erklärt er: „Ich könnte auch weniger schwierige Songs schreiben, so wie die auf meinem ‚Singles'-Band, das ich der Gruppe vorgespielt habe, aber die sind schrecklich, mit furchtbaren Chören im Hintergrund. Ich habe mir überlegt, sie unter einem Pseudonym herauszubringen, aber ich will nicht, daß die Leute ... wissen Sie, man kann ja einen Einkaufszettel schreiben, aber wer möchte schon durch seine Einkaufszettel bekannt werden."

„Entweder ist Smith verrückt geworden, oder wir ..." (MELODY MAKER)

**1. MAI 1984**
Auftritt im Royal Court Theatre in Liverpool.

**2. MAI 1984**
Auftritt im Apollo in Manchester.

**4. MAI 1984**
Auftritt in der Colston Hall in Bristol.

**5. MAI 1984**
Auftritt im Apollo in Oxford. Vier Songs daraus – „Shake Dog Shake", „Primary", „Charlotte Sometimes" und „Give It Me" – erscheinen auf dem kommenden Live-Album „Concert".

**6. MAI 1984**
Auftritt in der Guildhall in Portsmouth.

**8.–10. MAI 1984**
Auftritte im Hammersmith Odeon in London zum Abschluß der Tournee. Bei diesen drei Shows wird der Rest des „Concert"-Albums aufgenommen: „Hanging Garden", „The Walk", „One Hundred Years", „A Forest", „10.15 Saturday Night" und „Killing An Arab".

„*The Cure* sind mit ihren Hits auf Singles und LPs zu Stars geworden. *The Cure* ist weit mehr als nur das Teilzeithobby von Smith. Die Gruppe ist auf dem besten Weg, zum größten Rock-Ereignis seit langer Zeit zu werden. Robert Smith hat das schon fast geschafft." (ZIGZAG)

**13.–31. MAI 1984**
*The Cure* gehen auf Tournee durch Europa, bei der sie zum ersten Mal auch in Italien auftreten.

**18. MAI 1984**
Auftritt in Nizza.

**26. MAI 1984**
Auftritt in Hamburg. Robert ruft Steve Severin an und gesteht, daß ihm die Arbeitsbelastung zuviel wird. Er bietet an, bei der Großbritannientournee der *Banshees* einzuspringen, sagt aber für Amerika ab. Später fliegt er zurück, nachdem er zwei Termine der *Cure*-Tournee abgesagt hat.

Steve Severin meint dazu: „Seit drei Jahren ist er fast ständig auf Tournee. Von überall schreibt er Karten mit Hilferufen." Roberts Platz bei den *Banshees* nimmt John Carruthers von *Clock DVA* ein.

**JUNI 1984**
Das *Banshees*-Album „Hyaena" kommt auf den Markt. „Die Zeit mit den *Banshees* war eine gute Zeit. Damals glaubte ich zu wissen, welche Richtung die *Banshees* hätten einschlagen sollen, aber das war nicht meine Sache, sondern die von Siouxsie und Severin."

„Was wir live gemacht haben, war absolut brillant, aber die Studio-Aufnahmen waren längst nicht so gut, und vielleicht hätten wir die Platte besser nicht machen sollen."

Bei anderer Gelegenheit sagt Robert in einem Interview mit NME, er sei zur Zeit „glücklich, aber total durcheinander. Ich glaube nicht, daß das lange anhält. Wahrscheinlich ist es nur eine Art Midlife-Crisis. Der Zeitpunkt, an dem ich aufhöre, zeitgenössische Musik zu machen, kommt, glaube ich, immer näher. Er ist sogar schon verdammt nahe. Aber ich will nicht, daß das alles öffentlich geschieht."

In weniger nüchterner Stimmung gibt Robert dem INTERNATIONAL MUSICIAN ein Interview zu seiner Sammlung von Musikinstrumenten, insbesondere seiner Fish-Gitarre. „Das ist eine Fender Jazzmaster von 1961. Ist schon ziemlich abgenutzt. Ich hänge oft einen toten Fisch dran."

In der gleichen Zeitschrift äußert Phil Thornally, eine Tournee mit *The Cure* bedeute für ihn „praktisch 90 Prozent weniger Einkommen". Doch dann gibt er auch zu, daß ihm sowohl das persönliche Verhältnis zur Gruppe wie die Live-Konzerte und Studioaufnahmen mit ihr sehr viel Spaß machen.

„Das Tolle an *The Cure* und besonders an Robert Smith ist, daß sie so originell sind. Wo ich herkomme, versuchten alle, technisch absolut perfekt zu spielen. Erst als ich Leute wie Robert oder die *Psychedelic Furs* kennengelernt habe, wurde mir klar, daß Originalität viel wichtiger ist. Sooft ich die Zeit habe, versuche ich, eigenständige Sachen zu machen. Aber verglichen mit dem, was Robert produziert, kommt mir das alles so wertlos vor. Sich selbst

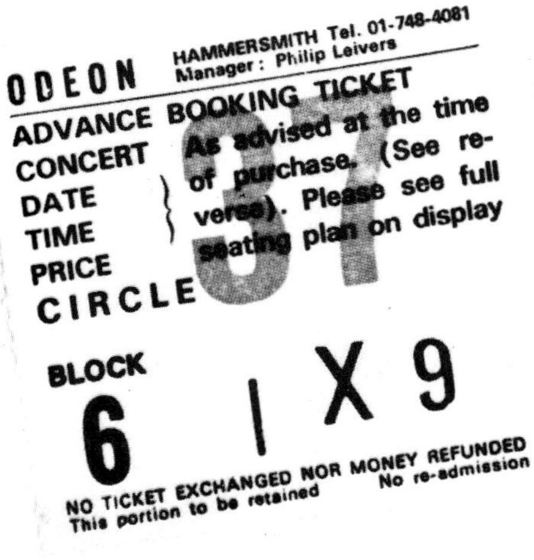

zu verwirklichen klingt so einfach, aber dann stellt man fest, daß man statt dessen alle anderen kopiert!"

**25. AUGUST 1984**

*The Cure* treten in der BBC-Sendung „Rock Around The Clock" im Fernsehen auf. Den Rest des Monats verbringt Robert damit, alte *Cure*-Bänder anzuhören, um geeignetes Material auszuwählen für „Curiosity – Cure Anomalies, 1977–1984", die B-Seite des kommenden Live-Albums „Concert". „Ich hatte so viele Aufzeichnungen, daß ich im nachhinein alles noch einmal an mir vorbeiziehen lassen konnte, und dabei sind mir natürlich auch unsere ganzen Fehler aufgefallen. Bei einigen Sachen dachte ich mir, das könnte den Leuten gefallen. Also habe ich mir die besten Stücke herausgepickt. Die Hälfte davon ist wirklich gut, und die andere Hälfte... Sie ist sicher interessant für echte *Cure*-Fans, aber alle anderen werden sich dabei langweilen. Ich habe es mir gestern noch mal angehört: Teilweise war es wirklich schrecklich."

Tim Popes „I Want To Be A Tree" wird von den Kritikern recht positiv aufgenommen, findet aber kaum Käufer. Leider wird das dazugehörige Video nirgendwo gezeigt.

**SEPTEMBER 1984**

Ein Artikel im RECORD COLLECTOR rechnet vor, daß eine komplette Sammlung aller *Cure*-Singles bei den gegenwärtigen Marktpreisen mehr als 70 Pfund kosten würde.

„Für den Sammler ... sind *The Cure* so rätselhaft wie faszinierend. Sie haben nie versucht, irgendwelche verkaufsfördernden Tricks anzuwenden, und die Rückseiten ihrer Platten sind voller schlechter Aufnahmen. Selbst wenn die Taktik limitierter Ausgaben angewandt wurde, wie beim Doppelalbum ‚Hanging Garden' oder bei ‚Charlotte Sometimes', ist die Sonderausgabe in vielen Fällen kaum mehr wert als die reguläre Fassung der jeweiligen Platte."

**30. SEPTEMBER 1984**

Der nächste Teil der *Cure* World Tour beginnt

Rechts: Während der Welttournee von 1987 in Belgien. Von links nach rechts: Porl, Robert, Simon und Lol.
Unten: In Frankreich.

POINT DEPOT
Port Átha Cliath
DUBLIN PORT
B+I

in Neuseeland, Australien, Japan, Kanada und die Vereinigten Staaten folgen.

**12. OKTOBER 1984**
Auftritt in Sidney.

**13. OKTOBER 1984**
*The Cure* verläßt Australien und fährt weiter nach Japan. Während ihres Aufenthalts in Tokio entläßt Robert den Schlagzeuger Andy wegen dessen Alkoholproblem, und so kommt die Band ohne Drummer in San Francisco an. Deshalb nimmt Phil Kontakt auf zu Vince Ely (vormals *Psychedelic Furs*), der bei den nächsten elf Shows in die Bresche springt.

**27. OKTOBER 1984**
„Concert", das mit Spannung erwartete Live-Album der *Cure,* kommt auf den Markt. Kassetten-Versionen davon enthalten zusätzlich „Curiosity", eine Sammlung unveröffentlichter Live-Mitschnitte und Demos.

„Wir haben das ohne großen Aufwand gemacht. Das Mischen hat nur vier Tage gedauert, und wir haben nicht viel investiert. Eine recht minderwertige, glanzlose Platte."

**NOVEMBER 1984**
Auftritt in Chicago. Robert hört zu rauchen auf. „Ich faßte einfach den Entschluß. Ich hasse jede körperliche Abhängigkeit und wollte nicht so weit kommen, daß ich ohne das Zeug nicht mehr auskomme. Das Trinken wollte ich allerdings nie aufgeben. Ich glaube, dieses Jahr war ich jeden Abend betrunken."

**7. NOVEMBER 1984**
Auftritt in Minneapolis. Erste Show des Drummers Boris Williams von den *Thompson Twins* mit *Cure.*

*Unten: Von links nach rechts: Porl, Boris, Robert, Simon und Lol.*

# '85

**FEBRUAR 1985**

In der Absicht, eine Solokarriere zu versuchen, verläßt Phil Thornally *The Cure*, und Simon Gallup, bis dahin Mitglied von *Fools Dance*, kehrt in die Band zurück. *The Cure* besteht nun aus Robert, Lol, Simon, Porl und Boris.

**MÄRZ 1985**

In den Angel Studios beginnt die Band ihr nächstes Album, „The Head On The Door". Robert sagt im Interview mit ZIGZAG, daß er inzwischen die ganze Nacht hindurch aufbleibt: „Ich hasse diesen Idioten über mir, der um sechs Uhr morgens Klavier spielt, wenn ich gerade versuche einzuschlafen. Nicht nur das, er spielt auch noch Eigenkompositionen. Das finde ich unfair. Ich tu' ihm das doch auch nicht an. Diese dumme Angewohnheit, erst frühmorgens ins Bett zu gehen, geht mir langsam auf den Geist. Nachts ist es so verdammt kalt!"

**APRIL 1985**

Robert: „Ich hasse Steve Severin. Er hat mich in irgendeiner Zeitung schlecht gemacht. Ich habe ihn heute abend eingeladen, um ihn zu verprügeln."

**JUNI 1985**

Die neue Formation der *Cure* spielt in Barcelona zum ersten Mal zusammen. Von dort reisen sie nach Italien weiter. „Im Ausland versuchen wir immer, selbst in der schlimmsten Verfassung noch einigermaßen kultiviert zu bleiben. Lieber werfen wir uns gegenseitig aus dem Fenster als die Möbel. Mit den anderen Bands, die mit uns spielen, habe ich oft Streit. Ich finde es immer sehr lustig, wenn wir uns im Hotelfoyer gegenseitig finstere Blicke zuwerfen."

**19. JULI 1985**

„In Between Days"/„The Exploding Boy" kommt als Single heraus, die in den Charts Platz 15 erreicht. Das dazugehörige Video ist eine Art Kaleidoskop von Socken in den grellsten Farben, die um die Band herumtanzen. „Das begann damit, daß ich unserem Regisseur Tim Pope sagte, ich wolle Farbtupfer um meinen Kopf, während ich singe. ‚Wie die Farbe meiner Socken?' fragte er, und ich sagte: ‚Genau.' Das hat er sich anscheinend gemerkt, weil Socken billig und leicht zu besorgen sind. Dann beauftragte er seine Trickfilmzeichner,

*Bei den Filmaufnahmen für das Video zu „In Between Days“. Tim Pope (auf dem mittleren Foto mit der Hand am Mund) hatte ursprünglich geplant, daß grelle Farbtupfer sich um Robert bewegen sollten, während er sang. Am Ende kam ein Kaleidoskop tanzender Socken dabei heraus.*
*„Zuerst haßte ich es“, sagte Robert, „dann habe ich mich daran gewöhnt, aber jetzt hasse ich es wieder.“*

fluoreszierende Socken zu verwenden, und sie nahmen ihn beim Wort: Sie malten für Tausende von Pfund einen Socken nach dem anderen. Das muß man sich mal vorstellen! Gemalte Socken für 8000 Pfund! Unglaublich. Als er das gemerkt hat, hat er ganz ängstlich bei mir angerufen und sich entschuldigt. Erst war ich stinksauer, dann habe ich es geschluckt, aber jetzt ärgere ich mich, weil das die ganze Idee versaut hat."

Außerdem war das Video „ziemlich anstrengend, weil ich die Kamera fünf Stunden lang an meinem Körper herumtragen mußte. Ich hasse Videos, weil man schon früh am Morgen auf der Matte stehen muß. Ich glaube, wenn ich morgens um neun in den Himmel käme, wäre ich todunglücklich. Und dann muß man auch noch so tun, als ob man gut drauf wäre, obwohl man kurz vorm Umkippen ist und nur noch ins Bett will."

**27. JULI 1985**

Auftritt im Panathinaikos-Stadion in Athen zusammen mit *Nina Hagen, Talk Talk* und *Telephone*. Robert: „Ich bin froh, daß ich so kurzsichtig bin. Deshalb ist es mir egal, ob wir 1000 oder 10000 Zuhörer haben; ich kann sowieso nur bis zur ersten Reihe sehen."

Auch Boy George nimmt am Konzert teil. Er wird gnadenlos ausgepfiffen, aber nach dem Konzert halten die Manager des Hotels, in dem *The Cure* wohnt, Simon für den betreffenden Boy und spendieren ihm Champagner. Simon bedankt sich, indem er „Do You Really Want To Hurt Me" singt.

**AUGUST 1985**

Das Album „The Head In The Door" kommt heraus. Der Titel geht nach Roberts Angaben auf seine Kindheit zurück. „Haben Ihnen Ihre Eltern je Puppentheater vorgespielt oder ein Gesicht auf ihre Hände gemalt und Sie damit erschreckt? Ich war von Puppen wie Punch und Judy immer fasziniert, weil sie eine so alte Tradition haben. Der Kopf einer Puppe fällt auf eine ganz bestimmte Art herunter. Als es noch üblich war, Menschen zu köpfen, steckte man anschließend deren Köpfe auf Pfähle. Deshalb wollten wir das Album erst ‚The Head On The Pole' nennen, bevor ich den Titel geändert habe."

Robert spielt mit dem Gedanken, eine Platte mit Sinatra-Songs aufzunehmen, und meint: „Wenn ich nicht schon in einer Band wäre, würde ich sofort *The Cure* gründen, weil ich die Leute in den Top 10 noch genauso hasse wie am Anfang."

„Es gibt eine Menge unterschiedlicher Songs darauf, aber sie passen zusammen wie bei diesen ‚Disco Beach Party'-Platten. Früher konnte man klar trennen zwischen Leuten, die Singles mochten, und solchen, die LPs bevorzugten, aber seit ‚In Between Days' ist, wie ich glaube, diese Trennung aufgehoben, denn wenn jemand diese Single mag, dann gefällt ihm vielleicht auch das Album.

Ich mag diese Platte lieber als ‚The Top', und wenn es mir leichter fällt, sie zu mögen, geht es vielleicht auch anderen so. Weil ich in ‚The Top' außer dem Schlagzeug alle Instrumente gespielt habe, kam dabei natürlich ein sehr dichter Sound heraus, aber jetzt auf dieser Platte haben wir alle fünf gespielt, wodurch ein viel größerer Ideenaustausch zustande kam. Acht der Songs sind Erstaufnahmen, was wir

seit ‚17 Seconds' nicht mehr gemacht haben, und so schnell wie die ist bekanntlich noch keine Platte gemacht worden.

Alle Songs waren für einen Synthesizer und eine alte Gitarre geschrieben, die ich wiederentdeckt hatte. Ich dachte, wenn die Songs mit diesen Instrumenten nicht hinhauen, dann sind sie einfach nicht gut genug für eine Plattenaufnahme. Sie klangen alle ganz unterschiedlich, weil ich mit meiner Stimme die Hörner ersetzt habe, und so gibt es eine Reihe unbezahlbarer Cassetten, auf denen ich ganze Orchester imitiere. Dann gingen wir mit Simon in dieses Demo-Studio und haben einen ganzen Tag lang über diese Cassetten gelacht."

Ungefähr zur selben Zeit weiht Robert die Leser von JUST 17 in das Geheimnis seines zunehmend ungepflegten Äußeren ein: „Das ist mir ziemlich egal. Ich habe mein Haar seit dreieinhalb Wochen nicht mehr gewaschen ... Ich verwende immer Gel, kein Haarspray. Es heißt KMS oder so und hat Hexagramme drauf. Das klebrigste Zeug, das ich je gesehen habe. Ich kämme mein Haar auch oft zurück. Eine Zeitlang habe ich auch Mousse verwendet, aber es tropfte mir immer so scheußlich auf die Nase, wenn ich auf der Bühne stand."

**24. AUGUST 1985**

„Viele denken, ‚Love Cats' sei unsere erste Platte, und das ist ganz gut so, weil es uns eine Freiheit gibt, die wir sonst nicht hätten."

Robert erzählt SOUNDS, daß er gerade an seiner Autobiographie arbeitet. „Sie sollte im April herauskommen. Ich bin gerade auf Seite fünf. Eine Französin macht die Interviews für

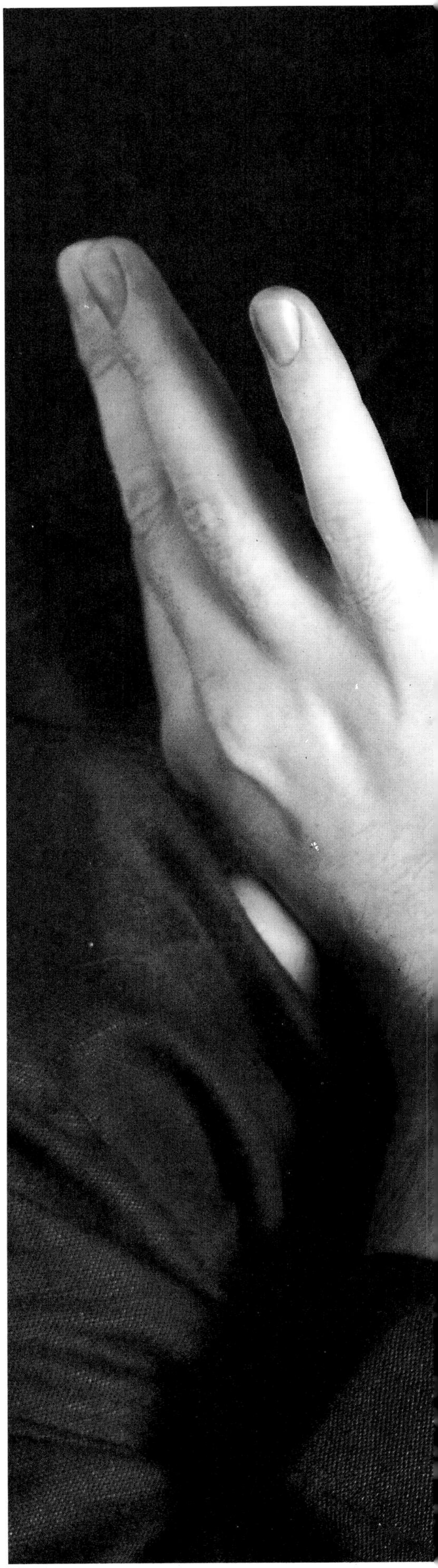

RS 67488

AMC
AMC

*Auf der Bühne im Brighton Centre im September 1985. Nach dieser Vorstellung kommentierte ein Kritiker vom NME: „Mit diesem langweiligen alten Schwein möchte ich nicht auf einer einsamen Insel angeschwemmt werden."*

*Von links nach rechts: Boris Williams, Robert, Porl, Simon und Lol.*

mich. Das ist schon merkwürdig, wenn man hört, was Leute denken, die damals mit dabei waren. Sie interpretieren meine Motive ganz unterschiedlich. Schon seltsam, was Leute, die man zu kennen glaubt, von einem denken. Ich habe mal Sachen für diese niederländische Zeitschrift OOR geschrieben. Das waren künstlerisch aufgemachte Stücke über Weihnachten und so, bei denen ich ganz neue englische Wörter erfunden habe, und dann schrieben sie: ‚Wir finden das nicht im Wörterbuch, könnten Sie das bitte übersetzen?'"

**SEPTEMBER 1985**

Vom Album wird eine neue Single ausgekoppelt: „Close To Me"/„A Man Inside My Mouth". Damit hat *The Cure* zum ersten Mal aus dem gleichen Album zwei Singles gemacht, obwohl „Close To Me" für die Single neu gemischt worden ist.

„Ich hatte immer gesagt, wir würden nie zwei Singles aus einem Album auskoppeln, aber es hat mich gereizt, weil alle in der Band sagten, wenn wir das machen, wird es die Nummer eins." Das dazugehörige Video, in dem die gesamte Band in einem Kleiderschrank steckt, der von einer Klippe herunterstürzt, zählt zu den besten des Jahres. Bei den Aufnahmen wurden drei leere Schränke von der Klippe geworfen, und die örtliche Feuerwehr füllte einen Schrank mit Wasser, während die Band darin lag. Leider war das Wasser schon über sechs Wochen im Löschfahrzeug gewesen, „so daß uns allen am nächsten Tag kotzübel war".

Apropos Schränke ... Auf die Frage des RECORD MIRROR, welche alte Musik er im Schrank habe, antwortet Robert: „Ich nehme immer Cassetten für unsere Tourneen auf, entweder für mich selbst oder für den Smith-Club. Ich habe eine Cassette von den Sechzigern mit Mary Wells, Martha Reeves und anderen. Dann eine aus den siebziger Jahren mit *Lieutenant Pigeon* und *The Sweet,* ein Disco-Band mit Anita Ward und Evelyn ‚Champagne' King und ein psychedelisches Band mit Jimi Hendrix. Ich habe sogar ein Heavy Metal-Band mit den *Pink Fairies* und Stücken von Alex Harvey, obwohl der natürlich nicht zu Heavy Metal zählt."

**8. SEPTEMBER 1985**

Die jüngste Tournee von *The Cure* beginnt im St. Austell-Coliseum. Beim Soundcheck treten einige weitere musikalische Vorlieben von Robert zutage: Gary Glitters „Do You Wanna Touch Me", „You Really Got Me" von den *Kinks* und Hawkwinds „Silver Machine". „Unser

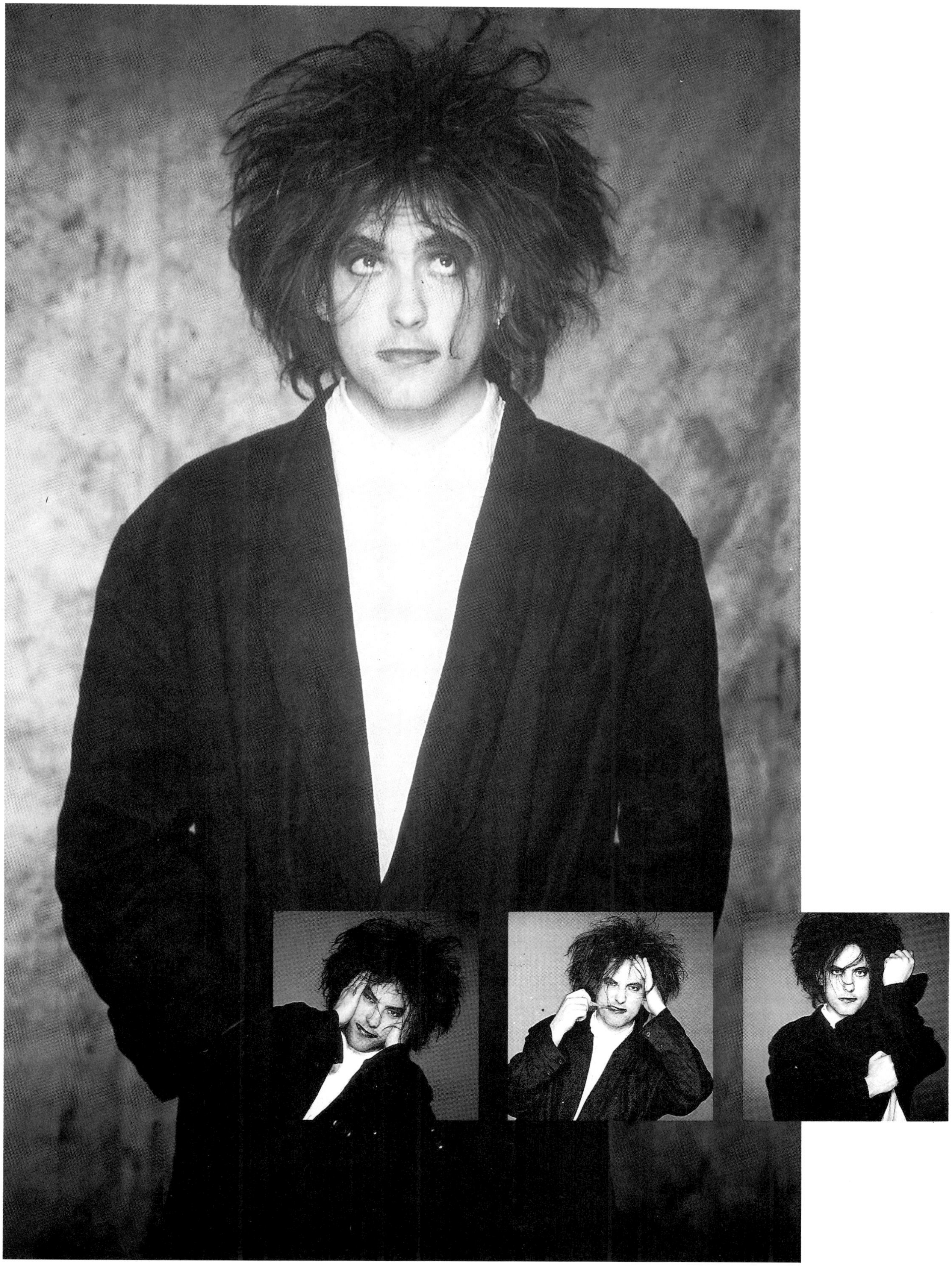

Im Saint in New York City bei einem Werbefeldzug für „Standing On A Beach“ und „Staring At The Sea“.

Beleuchter hat einen total kaputten Geschmack. Jedesmal, wenn wir das spielen, fühlt er sich gleich um zwanzig Jahre zurückversetzt und zieht eine irre Light-Show ab.“

**9. SEPTEMBER 1985**
Auftritt im Pool Arts Centre.

**10. SEPTEMBER 1985**
Auftritt im Shepton Mallett.

**12. SEPTEMBER 1985**
Auftritt im Wembley-Stadion.

**14. SEPTEMBER 1985**
Auftritt im Brighton Centre.

„Robert Smith sieht immer so grimmig aus! Und ein bißchen übergewichtig ist er auch. Mit diesem langweiligen alten Schwein möchte ich nicht auf einer einsamen Insel angeschwemmt werden. Dauernd stöhnt er.“ (NEW MUSICAL EXPRESS)

„Das Brighton Centre ist eine sehr schöne Halle, aber für *The Cure* ist sie einfach nicht geeignet. Für Bands wie *U2* oder *Simple Minds* ist sie ideal, weil die eine sehr laute Musik machen und nie lange brauchen, bis sie alle zum Mitsingen animiert haben. Die *Cure* mit ihrer ausgefallenen Musik ist aber eine ganz andere Band. Da hört das Publikum gespannt zu, aber es gröhlt nicht. Der ideale Ort für unsere Auftritte wäre ein unbenutzter Besenschrank in einem mindestens 200 Jahre alten Haus, mit einer Fledermausfamilie in der Ecke und einem leicht unangenehmen Geruch in der Luft. Aber das kann man sich zur Not ja einbilden ...“ (NO. 1)

**16. SEPTEMBER 1985**
Auftritt im Whitley Bay Ice Rink.

**17./18. SEPTEMBER**
Auftritte im Apollo in Manchester.

**20. SEPTEMBER 1985**
Auftritt im NEC in Birmingham.

**21. SEPTEMBER 1985**
Auftritt in der Queens Hall in Leeds.

**22. SEPTEMBER 1985**
Auftritt im Playhouse in Edinburgh.

**28. SEPTEMBER 1985**
*The Cure* starten zu einer weiteren Amerikatournee, die in der ausverkauften Radio City Music Hall in New York ihren Höhepunkt hat.

**OKTOBER 1985**
„Trinken ist Erholung. Ich habe mich oft alleine betrunken, aber das habe ich aufgegeben. Dylan Thomas zum Beispiel, der sich zu Tode gesoffen hat, trank ganz einfach, weil es ihm Spaß machte. Ob das auch noch im Endstadium der Sucht gilt, weiß ich nicht. Ich schätze, er hat aus drei Gründen getrunken: erstens, weil's Spaß macht, zweitens, weil man irgendwann ein fast mythischer, legendärer Trinker wird – eine Vorstellung, nach der man süchtig

werden kann –, und der dritte Grund ist wahrscheinlich, daß man im Endstadium keine große Wahl mehr hat. Ich bin inzwischen fast schon Alkoholiker. Ein trauriges Geständnis, fürchte ich."

Der Zeitschrift THE FACE erzählt Robert, daß er gerade einen Band von Kurzgeschichten ohne Ende mit dem Titel „The Glass Sandwich" schreibt. Weiterhin gesteht er, daß er lieber Fußballer wäre als Existentialist, und erklärt, warum er sich so schminkt: „Ich trage meinen Lippenstift so schlampig auf, weil man sonst glauben würde, ich benutze ihn aus Eitelkeit. Dabei hat es rein theatralische Gründe. Früher habe ich immer roten Lippenstift um meine Augen und meinen Mund geschmiert, weil der sich dann auf der Bühne mit Schweiß vermischte und alles so schön runterlief, daß es aussah, als ob mir jemand in die Fresse geschlagen hätte und meine Augen bluteten ..."

**19. NOVEMBER 1985**
*The Cure* spielen im Camden Palace für einen wohltätigen Zweck. Ein Teil der Show wird im Fernsehen übertragen.

**DEZEMBER 1985**
*The Cure* geben einige Vorstellungen in Frankreich.

Dann debütiert Robert in der BBC-Sendung „Oracle" mit einem von ihm selbst erfundenen Cocktail, den er nach den Anfangsbuchstaben der Zutaten ‚Oracle' nennt: Orangensaft, Rum, Apfelscheiben, Calvados, Limonensaft. Das Zeug schmeckt grauenhaft.

In der Presse gibt er zu, daß er in Interviews meist nur noch Lügen erzählt.

„Ich habe es schon immer gehaßt, in der Gesellschaft von Leuten zu sein, die sich selbst zu ernst nehmen, aber inzwischen ist dieser Haß fast pathologisch geworden. Ich kann Leute nicht ausstehen, die mir dauernd ernste Fragen stellen, und wenn ich in drei verschiedenen Interviews dreimal das gleiche gefragt werde, gebe ich jedesmal eine andere Antwort, weil ich weiß, daß unsere Fans und viele andere Leute alle drei Interviews lesen und dann merken, daß sie diesen ganzen Quatsch nicht ernst nehmen können."

# '86

## MÄRZ 1986

Robert mischt „Boys Don't Cry" neu und nimmt dabei vor allem den Gesang neu auf (damit er nicht wieder auf seine alte, höhere Stimme zurückgreifen muß, wenn der Song als Single herauskommt). Gemeinsam mit Tim Pope stellt er eine dazu passende Sammlung von *Cure*-Videos zusammen. Auf dem Video für die Single erscheint neben Robert und Lol auch die Silhouette von Michael Dempsey.

## APRIL 1986

„Close To Me" stürmt in Frankreich die Charts, und *The Cure* fahren ein weiteres Mal über den Kanal, um in der französischen Fernsehshow „Champs Elysée" aufzutreten, die Lol als „Wogan und Top Of The Pops in einem" beschreibt. Da Porl und Boris Urlaub machen, muß Lol ans Schlagzeug, während Martin, der mit ihm das Apartment teilt, die Keyboards übernimmt.

Gegenüber dem RECORD MIRROR äußert die Band, daß sie das französische Publikum besonders mag. „37 Leute auf der Gästeliste und die meisten davon blutjung", verkündet Robert und behauptet, die Band habe bei jedem Konzert „ungefähr tausend Leute getroffen". Simon nimmt für sich in Anspruch, mit der Hälfte davon geschlafen zu haben.

„Die Typen, die einen ansprechen, sind meistens die letzten, mit denen man reden möchte. Sogar wenn man noch unbekannt ist, kommen immer ein paar Leute hinter die Bühne und versuchen einen Drink zu schnorren oder werden auf andere Weise aufdringlich ... Ich ging nie hinter die Bühne, wenn ich Leute treffen wollte, außer einmal bei den *Psychedelic Furs*. Und bei den *Bunnymen* habe ich es versucht, aber die ließen mich nicht rein.

Wenn einer sagt: ‚Deine neue Platte gefällt mir', ist das ja noch o.k., aber dann gibt es immer welche, die dir ihr Herz ausschütten wollen. Sie meinen es ja meistens gut, aber irgendwann geht dir das ganz schön auf den Geist."

„Die *Cure* sind einfach das größte, was Frankreich seit Jeanne d'Arc erlebt hat." (RECORD MIRROR)

Ende des Monats kommt die neu gemischte Single „Boys Don't Cry" heraus. Auf der

B-Seite finden sich zwei alte Aufnahmen: „Do The Hansa", ein Klagelied über ihre erste Plattenfirma, und „Pillbox Tales" aus einem der alten Hansa-Demos. In Amerika kommt die Platte mit „Let's Go To Bed" auf der A-Seite und „Boys Don't Cry" auf der B-Seite heraus.

**4. APRIL 1986**

Jeanette Landray, inzwischen Lead-Sängerin bei *Kiss That*, gesteht: „Als ich mit *The Glove* arbeitete, konnte ich noch gar nicht singen. Das war ein Witz."

**25. APRIL 1986**

Eine Serie von Konzerten für Greenpeace endet mit dem Auftritt von *The Cure* in der Royal Albert Hall. Zum ersten Mal seit 1982 spielen sie wieder „Faith", und danach gesteht Robert: „Ich habe geheult. Das war, wie wenn man eine Seite aus einem alten Tagebuch liest und auf die ganzen Hoffnungen gestoßen wird, die man damals noch hatte. Ich kann mir den Song einfach nicht anhören. So stark beeindruckt hat mich leider nicht alles, was ich gemacht habe."

„*The Cure* ... haben den Kreis vollendet und sind nun wieder ihren alten Traumata der letzten sieben Jahre auf der Spur. Sie sind fast wieder da, wo sie angefangen haben. Zwischen einem modernen Pop-Klassiker wie ‚In Between Days' und einem bis heute fast unbekannten, jetzt neu aufpolierten Juwel wie ‚Boys Don't Cry' gibt es keinen entscheidenden Unterschied." (MELODY MAKER)

„Ich habe die *Cure* schon von Anfang an gemocht, schon seit sie ‚Love Cats' gemacht haben." (Ein Fan vor der Royal Albert Hall)

**26. APRIL 1986**

Robert: „Ich kann mich nicht erinnern, je ein Interview mit Morrissey gelesen zu haben, aber wenn er sagt: ‚Das Leben ist beschissen', möchte ich am liebsten antworten: ‚Bring dich endlich um, sonst tu ich's', denn das Leben ist für alle gleich."

„Alles ist absurd und meistens ziemlich schrecklich, aber mir geht's besser als allen, die ich kenne, und deshalb habe ich eigentlich keinen Grund zum jammern. Alle anderen müssen genauso sterben wie ich, und folglich ist es witzlos, darüber zu lamentieren."

**MAI 1986**

„Standing On A Beach" kommt auf den Markt, eine Sammlung aller 13 bisherigen *Cure*-Singles. Robert: „Unser Vertrag mit Polydor läuft aus, und sie werden die Platte sowieso herausbringen, ob uns das gefällt oder nicht. Wenn wir noch mehr Singles machen, würde ein Doppelalbum daraus, und das wäre noch schlimmer." Die Cassetten-Version bringt zusätzlich 12 B-Seiten von *Cure*-Singles.

„Das Merkwürdigste an allem, was die *Cure* gemacht hat, ist für mich, daß ich heute alles noch einmal genauso machen würde. Das heißt, heute würde ich es natürlich anders machen, aber in der jeweiligen Situation war alles ganz gut so."

„Eine chronologische Retrospektive aller 13 *Cure*-Singles ist ein Beweis dafür, daß die Zeit es gut mit Robert Smith gemeint hat, weil er mit ihr immer so bewußt, ehrfürchtig und beinahe ängstlich umgegangen ist. ‚Standing On A Beach' ist eine großartige Platte, das Logbuch eines betrunkenen Kapitäns von seiner Mannschaft ..." (MELODY MAKER)

Gleichzeitig erscheint „Staring At The Sea", die dazugehörige Video-Sammlung mit neuen Videos zu den ersten drei Singles der Band und altem Filmmaterial, zum einen von Roberts Vater in Crawley aufgenommen, zum anderen vom Festival in Reading 1979.

Robert meint dazu: „Unglaublich, wie sich unsere Gesichter verändert haben. Nicht nur, daß ich dicker geworden bin, ich sehe total anders aus."

„Ich bin kein geborener Schauspieler, und bei Aufnahmen zu einem Video ist die ganze Atmosphäre sowieso viel zu künstlich. Ich sehe mir meine eigenen Videos nie an. Ich mache Videos nur, weil es das einfachste ist. In ‚Love

*Robert und Simon beim Konzert für Greenpeace auf der Bühne der Royal Albert Hall im April 1986.*

Cats' und ‚The Walk' wollte ich von dem Bild wegkommen, das die Leute sich von mir machten. Unsere ersten Videos sind so, wie es sich alle von *The Cure* erwartet hatten, zum Beispiel ‚A Forest'. Aber auf Dauer wäre das stinklangweilig geworden.

Unsere ersten Videos waren sehr ausgelassen. Unser Image war uns ziemlich egal, und so standen wir vor der Kamera wie sehr gelangweilte Leute, und wir waren tatsächlich gelangweilt. Dank Tim Pope sind wir inzwischen durch Videos sehr bekannt geworden. Er setzt unsere Ideen sehr gut um. Ich bin jetzt viel glücklicher damit, und das sieht man."

„Innerhalb einer Stunde wird aus dem frischen, glattrasierten Jungen die schlurfende Gestalt von heute." (SMASH HITS)

„Was unterscheidet es von einem durchschnittlichen Video? Ich werde es Ihnen sagen: Es sind die Frisuren. Es macht einfach Spaß, das Sprießen ihrer Locken zu verfolgen, insbesondere im Fall des Sängers Robert Smith. Am Anfang sieht ihre Haartracht noch ganz normal aus, wenn auch ein bißchen zerzaust, aber wenn sie bei ‚Love Cats' und ‚The Caterpillar' angelangt sind, sind ihre Frisuren fast Kunstwerke." (VIDEO WORLD)

Im gleichen Monat fliegt Robert nach Amerika, um für das Sammelalbum und die neue Tournee zu werben, die im Juli stattfinden soll. „Wenn ich in einer Gruppe sein müßte, würde ich meine wählen, weil mit ihr wirklich alles stimmt."

**15. MAI 1986**

Nach einem Auftritt im niederländischen Fernsehen mit „Boys Don't Cry" und „Close To Me" kehrt *The Cure* nach England zurück, wo „Boys Don't Cry" Platz 23 in den Charts erreicht hat und die Gruppe eine Einladung für Top Of The Pops vorfindet.

Robert berichtet, wie er im Taxi auf dem Weg ins Studio vom Fahrer erkannt worden ist. „Du bist doch dieser Boy George, stimmt's? Kannst es ruhig zugeben ..."

„Es ist wenig bekannt, aber Smith ist auf perverse Weise stolz auf die Tatsache, daß nach ihren Auftritten in der Show die *Cure*-Platten in den Charts nie nach oben geklettert sind. Wenn das bei anderen vorkäme, würden in den Marketing-Abteilungen die Köpfe rollen. Aber *The Cure* müssen nur in ihrer mürrischen Art oder, was noch schlimmer ist, völlig unkonzentriert auf der Bühne stehen, und schon fällt die Single, die sie da abspulen, garantiert in den Keller. Merkwürdig.“ (MELODY MAKER)

In diesem Fall jedoch steigt ihre Single in der darauffolgenden Woche – um einen Platz.

**16. MAI 1986**

*The Cure* spielen beim Dutch Pink Pop Festival.

**22. MAI 1986**

Die Band fährt im Orient-Express nach Venedig zu einem Konzert in Verona. Als der örtliche Brandschutzbeauftragte die Show absagt, wird aus dem Trip ein Kurzurlaub. Die BBC filmt auf ihrem Weg nach Dover ein später ausgestrahltes Interview.

**31. MAI 1986**

MELODY MAKER fragt Robert nach seiner Meinung über Englands Chancen bei der anstehenden Fußball-Weltmeisterschaft.

„Das englische Team sollte eine Kombination von Schweinehunden in der Abwehr und Fußballgöttern im Angriff sein“, sagt er. „Leider ist das nicht so. Ich glaube ehrlich gesagt nicht, daß England Weltmeister wird. Ich würde mich zwar freuen, aber andererseits würden sie dann Bobby Robson in den Himmel heben, und er hätte seinen Job fürs Leben. Das könnte ich nicht ertragen, weil ich ihn schon immer für einen beschissenen Trainer gehalten habe. Bei dieser Weltmeisterschaft wäre ich lieber Schotte.“

**JUNI 1986**

*The Cure* arbeiten an Demos für ihr nächstes Album, das voraussichtlich „1000000 Virgins“ heißen soll.

Die Proben werden nur von einigen Verpflichtungen auf europäischen Festivals und Roberts Interesse an der Fußball-Weltmeisterschaft unterbrochen.

Auf die Frage von SOUNDS, was für ihn zur Zeit am wichtigsten sei, antwortet er: „Daß Glen Hoddle sich gut hält und England ins Halbfinale kommt.“

**14. JUNI 1986**

Auftritt am Nürburgring. „Jeder von uns hat die gleichen fünf Anzüge, damit wir überall ähnlich aussehen und uns nicht verlieren. Wer ist diese Woche gerade in der Band? Ach ja, der ist es, er hat einen der Anzüge an.“

**15. JUNI 1986**

Auftritt in München.

**18. JUNI 1986**

*The Cure* treten im französischen Fernsehen auf. Robert hat nur unter der Bedingung zugesagt, daß der Termin nicht mit dem WM-Spiel Englands gegen Paraguay kollidiert.

**21. JUNI 1986**

*The Cure* geben beim Anti-Atomwaffen-Festival in Glastonbury erst ihr zweites größeres Konzert in Großbritannien in diesem Jahr. „Den Idealismus der Atomwaffengegner finde ich sehr lobenswert, aber das Wissen, wie man die Bombe baut, können wir nicht rückgängig machen. Nukleare Abrüstung ist deshalb im Grunde ein sehr naiver Traum. Trotzdem spielen wir in Glastonbury, weil es ein Minimum an öffentlichem und privatem Bewußtsein geben muß, damit es sich die Politiker nicht zu leicht machen.“

**6. JULI 1986**

Auftritt im Great Woods Centre in Mansfield zum Auftakt der Amerikatournee von *The Cure.*

Nach dem Konzert leert Lol eine ganze Flasche Armagnac und wird – bewußtlos – vom Rest der Band auf einem Gepäckwagen in der Hotelhalle hin und her geschoben. Dann bringen sie ihn auf sein Zimmer, wo er noch seine Freundin in Los Angeles anruft und mit dem Hörer in der Hand einschläft. Am nächsten Morgen beträgt seine Telefonrechnung 1500 Dollar.

Chris Parry verkündet, *The Cure* existiere nur, um Lol umzubringen.

MELODY MAKER hält dies für plausibel. In Orange, Texas, gründen Robert und Simon die „Lone Star White Protection Society" mit dem Ziel, Lol das Rauchen abzugewöhnen, und kleben alle seine Zigaretten mit einem Kreppband an einen Baum. Auf einem Zettel in Lols Zigarettenpackung steht: „Wir haben Dich gewarnt, Junge. Grüße von der LSWPS."

Die Tournee endet in New York, wo Robert das Publikum von „Radio City" mit seinem neuen Haarschnitt schockiert, den vorher kaum jemand in Amerika bemerkt hat.

„Ich hatte es satt, daß mich ständig Leute fragten: ‚Mann, wie hast du bloß dein Haar so hingekriegt?' Deshalb dachte ich vor meiner Amerikareise, euch werd' ich's zeigen, und hab' sie mir abschneiden lassen. Das Paradoxe daran ist, daß sie jetzt noch mehr über meine Frisur reden. Alle hassen diesen Schnitt, am meisten ich selbst. Er ist absolut scheußlich. Erst allmählich erkenne ich mich wieder im Spiegel. Aber das ist mir alles egal, und die anderen sollen denken, was sie wollen."

Bei seinem Aufenthalt in den Staaten wird Robert von ROLLING STONE interviewt.

„Ich glaube nicht, daß ich depressiver bin als andere. Ich bin nicht wirklich todesbesessen, obwohl alles, was ich mache, mit der Endlichkeit allen Lebens, auch meines eigenen, zu tun hat. Man kann den Tod entweder akzeptieren oder verdrängen. Ich für meinen Teil habe ihn akzeptiert."

**AUGUST 1986**

*The Cure* spielen auf einigen Festivals in Spanien und Frankreich. Das letzte davon, am 9. August im römischen Amphitheater von Orange, wird vollständig von Tim Pope gefilmt. Es ist das erste Rockkonzert dort seit zwei Jahren, als *Dire Straits* dort aufgetreten waren.

„Wir wollten es filmen ... weil unsere jetzigen Konzerte so sind wie nie zuvor und ich das festhalten wollte, bevor wir uns weiterentwickeln oder aufhören. Ich glaube nicht, daß es ein Risiko ist, mit Pap zu arbeiten, weil er kein wirklicher Regisseur ist. Aber er kennt die Band mehr als jeder echte Regisseur und kann am ehesten einen richtigen *Cure*-Film machen."

Später erzählt Robert, daß man ihm eine Filmrolle mit Nastassja Kinski als Partnerin angeboten hat. „Ich habe abgelehnt ... Sie ist nicht mein Typ."

Tim Pope: „Dieser Konzertfilm ist der absolute Wahnsinn."

Um die offensichtlichen Vergleiche mit dem Live-Konzert von *Pink Floyd* in Pompeji noch zu unterstreichen, spielt die Band beim Soundcheck „Set The Controls For The Heart Of The Sun", und laut MELODY MAKER spielen sie es perfekt.

„Es gab natürlich eine Reihe von Risiken. Wegen des begrenzten Etats mußte die gesamte Filmarbeit am Samstag beim Konzert gemacht werden, mit Ausnahme der Nahaufnahmen, die am Sonntag nachgestellt werden sollten. Hätte es an einem oder gar an beiden Tagen geregnet, wären 150 000 Pfund den Bach hinuntergeflossen, weil das Risiko durch die Versicherung nicht hinreichend abgedeckt war. Es regnete glücklicherweise erst am Montag." (MELODY MAKER)

Anschließend macht die Band einen Kurzurlaub in Toulon. Dann gehen sie ins Studio nach Oraguinon, um die Arbeit an ihrem neuen Album fortzusetzen. Der größte Teil des Albums wird jedoch in Miravel aufgezeichnet (ein Song daraus, „I Want To Be You", ist bereits ins Live-Programm aufgenommen worden).

Das Projekt, das jetzt „Kiss Me Kiss Me Kiss Me" heißt, erweist sich als so langwierig, daß es sich quasi von selbst zu einem Doppelalbum entwickelt. „Da wir die Aufnahmen im Ausland machen und somit weniger abgelenkt werden, habe ich das Gefühl, daß es vermutlich zur Abwechslung mal ein sehr merkwürdiges Album wird."

Produzent David Allen sagt dazu: „Bei der Arbeit mit *The Cure* mische ich mich sowenig wie möglich ein. Schließlich ist Robert ein Profi, der schon zehn LPs gemacht hat und seit 1977 im Geschäft ist. Ich habe den größten Respekt vor ihm und volles Vertrauen in seine Arbeit. Ich glaube, daß er jederzeit in der Lage ist, etwas wirklich Gutes zu machen. Einen großen Teil der Melodien und Texte hat er wohl schon in Miravel geschrieben, obwohl ich in seinem Fall bei den Proben eigentlich nie so recht einschätzen kann, wie weit er mit einem Song wirklich ist."

„Alle Hintergrund-Tonspuren und der größte Teil der Gitarren- und Keyboard-Overdubs wurden im Studio Miravel in Südfrankreich hergestellt. Dieses Studio ist ein großer, mit Holz verkleideter Raum, der wirklich absolut schalldicht ist, und ein großer Raum mit Betonwänden, der früher als Abstellraum genutzt wurde. Bei ‚Head On The Door' haben wir viele verschiedene akustische Hilfsmittel verwendet, um für jede Spur einen völlig anderen Schlagzeug-Sound zu schaffen. Das war eine sehr interessante Arbeitsweise, aber sie war so anstrengend, daß wir es uns bei diesem Album leichter machen wollten. Deshalb haben wir nur zwei Kits aufgebaut und uns später entschieden, welche Spur mit welchem Schlagzeug-Sound am besten harmoniert."

Während ihres Frankreichaufenthalts tritt die Band auch mit „Boys Don't Cry" im Fernsehen auf. Von Miravel ziehen sie für drei Wochen ins Compass-Point-Studio um. Nach David Allen „hatten wir so wenig Zeit, daß wir zwei Abmischungen pro Tag machen mußten, und deshalb buchten wir einige Wochen später noch ein paar Tage im ICP-Studio in Brüssel, um die Platte fertigzustellen."

**28. SEPTEMBER 1986**

Mit einer Sondervorstellung von „Staring At The Sea" endet in London ihre Saison der Rock-Videos.

*Robert.*

# '87

**JANUAR 1987**
„Kiss Me Kiss Me Kiss Me" wird im ICP in Brüssel fertiggestellt. Bis auf zwei der Compass-Point-Abmischungen werden alle neu gemischt, und auch ein Teil des Gesangs wird neu aufgenommen. Die Band beginnt mit den Proben für ihre erste Südamerikatournee.

**MÄRZ 1987**
Die Südamerikatournee beginnt im Fußballstadion von Buenos Aires. Im Gedränge vor den Eingängen werden hundert Fans verhaftet.

Anschließend fährt die Band zu acht Vorstellungen nach Brasilien und verbringt dann einen großen Teil des Sommers auf Tournee in USA. „Ich fürchte, wir verlieren allmählich unsere Schärfe. Die Leute, die *The Cure* jetzt gut finden, deprimieren mich. Zum Beispiel die in Kalifornien. Wenn wir in Amerika eine Million Platten verkaufen, werden wir eben genauso behandelt wie die anderen Gruppen, die das geschafft haben. Daran führt kein Weg vorbei, selbst wenn unser Haarschnitt das einzig Außergewöhnliche an uns wäre. Deshalb muß ich jetzt Themen aufgreifen, von denen die Leute nichts wissen wollen."

„Man läßt uns weder in die Tonight-Show noch in die Joan-Rivers-Show. Man hält uns für subversiv, weil wir Punks sind! Wir könnten ja das Studio anzünden. In einem Telex haben sie uns doch tatsächlich mitgeteilt, daß wir eine ‚Punkgruppe' und deshalb für ihr Publikum nicht geeignet sind."

**10. APRIL 1987**
„Why Can't It Be You"/„A Japanese Dream" erscheint. Nach Produzent Dave Allen „war das schon immer ein Anwärter für eine Single, weil es kurz ist und das richtige Tempo hat. Trotzdem hat Robert den Song erst spät für eine Single ausgesucht. Er geht dabei nicht nach bestimmten Regeln vor, Hauptsache, der Song gefällt ihm."

Das entsprechende Video wird in den MTM-Studios in Bray aufgenommen. Robert beklagt sich über den extravaganten Streifen: „Ich dachte immer, ich wäre für Höheres bestimmt, aber seht mich an! Ich bin in der faulsten Gruppe der Welt und laufe als Tier verkleidet herum." Tim Pope triumphiert dagegen: „Das ist es! Das ist das Video, das ich schon immer machen wollte. Die *Cure* TANZT! Ich kann's nicht glauben. Jetzt sind sie FERTIG!"

**23. APRIL 1987**
THE CURE IN ORANGE, Tim Popes 90-Minuten-Film des Festivals in Frankreich, hat im Odeon von Marble Arch Premiere.

**22. MAI 1987**
„Kiss Me Kiss Me Kiss Me" kommt auf den Markt. Den Titel hat Robert gewählt, weil er ein Foto seines Mundes auf dem Cover haben wollte. „In Wirklichkeit wollte ich die Leute hinunterschlucken, also eher ertränken als küssen." Über die Platte selbst sagt er: „Sie klingt wirklicher als ‚Head On The Door'. Das war ein sehr konstruiert wirkendes Album. Ich habe damals aus Zeitgründen alle Inspirationen einfach übergangen, weil ich noch so viel andere Arbeit vor mir hatte. Aber ‚Kiss Me' ist viel lockerer, selbstsicherer. Wir sind wieder eine richtige Gruppe, das erste Mal seit ‚Pornography', als wir einfach drauflos spielten und ich mich mit Lol und Simon blind verstanden habe. ‚Shiver And Shake' und ‚The Kiss' sind wirklich nicht weit von ‚Pornography'

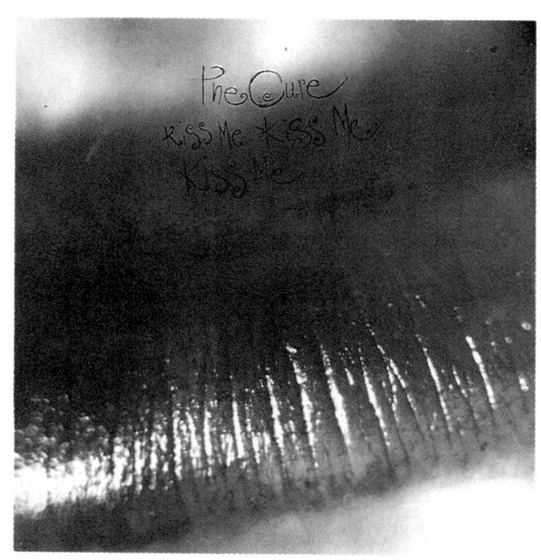

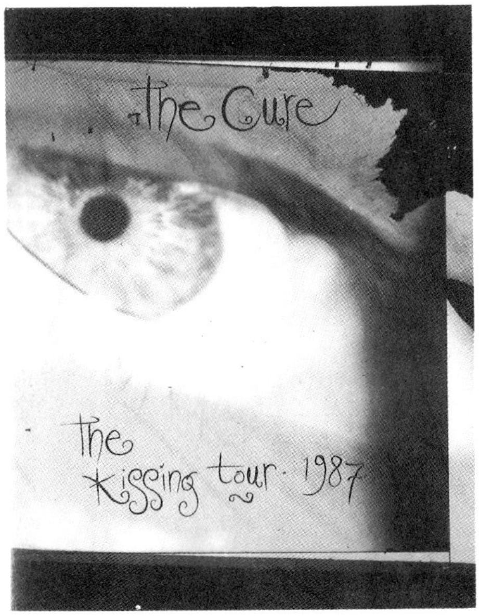


entfernt, und ich hätte sie damals in dieses Album aufgenommen, wenn ich sie gehabt hätte, denn das sind genau die schrecklichen Songs, nach denen ich vergeblich suchte."

‚Fight' ist der verrückteste *Cure*-Song, den wir je gemacht haben. Er ist wie eine Hymne ... Zum ersten Mal überhaupt habe ich darin den Gedanken ausgedrückt, daß die Leute endlich aufstehen und etwas tun sollten. ‚Pornography' war das genaue Gegenteil. Damals hätte ich mir nie träumen lassen, daß ich je einen Song wie ‚Fight' machen würde."

Produzent Dave Allen erzählt: „Die Band hatte etwa 40 Songs geschrieben. Dann haben sie ein paar Demo-Sessions gemacht und 32 davon für eine mögliche Plattenaufnahme ausgewählt. Für 26 von ihnen haben wir schließlich die backing tracks aufgenommen. So waren schon alle Instrumental-Arrangements fertig, bevor wir überhaupt den Gesang aufgenommen haben. Ich glaube, 23 waren sogar schon ganz fertig, 18 wurden dann ins Album genommen." Von diesen 18 waren drei von Porl und zwei von Simon geschrieben worden; *The Cure* hatte also zum ersten Mal Kompositionen veröffentlicht, die nicht von Smith stammten.

**JUNI 1987**
„Catch"/„Breathe" kommt als Single heraus.

**SEPTEMBER 1987**
„Just Like Heaven"/„Snow in Summer" kommt als Single auf den Markt. Robert: „Ich verbrachte zwei Wochen an der Küste bei Dublin, wo ich jeden Morgen am Strand auf den Felsen saß. Als ich noch jünger war, hat mich das inspiriert, aber dieses Mal fühlte ich mich wie abgestorben."

Ungefähr zur gleichen Zeit beschließt Robert, ein Soloalbum mit „schrulligen Songs" aufzunehmen. Lol ist sofort dagegen. Nach Simons Meinung fürchtet er, dadurch zum Andrew Ridgeley der Gruppe gestempelt zu werden, worauf Robert antwortet: „Wenn er so gut wie Andrew Ridgeley wäre, würde ich ihn gerne mitspielen lassen. Lol wird natürlich sofort sein eigenes Soloalbum machen wollen. Aber wie will er das anfangen?"

**22. OKTOBER 1987**
*The Cure* starten in Oslo ihre Honeymoon-Tour. Mit Keyboard-Spieler Roger O'Donnell hat die Gruppe sechs Mitglieder. O'Donnell war kurz zuvor noch mit den *Psychedelic Furs* auf Tournee gewesen, aber SOUNDS gesteht er, daß er „jede verdammte Minute davon gehaßt" habe. Robin Gibson fährt fort: „Roger ist froh, bei *The Cure* zu sein. Jetzt kommt er wenigstens auf die Fotos."

„Eine unserer Lieblingsbeschäftigungen im Ausland ist, das deutsche Gegenstück zu SMASH HITS zu lesen. Über die Leute, die darin gezeigt werden, kann man sich wirklich totlachen. Auch die meisten Leute in Gruppen mit ‚Hunky' im Untertitel sind ziemlich grotesk. Besonders einer der drei in *A-Ha* sieht aus, als ob er nicht ganz dicht wäre. Der Dünne. Sieht wirklich bekloppt aus."

„Früher, als nur Lawrence, Simon und ich in der Band waren, konnte jeder rumlaufen, wie er wollte, und das war gut so. Jetzt müssen wir leider auf unser Äußeres achten, sonst sehen wir bald aus wie die *Village People*. Wenn jeder anziehen könnte, worauf er gerade Lust hat, würde Lol sicher in ziemlich lächerlichen Sachen daherkommen."

**23. OKTOBER 1987**
Auftritt in Stockholm. „Ich versuche, ungewöhnliche Dinge zu tun. In Skandinavien bin ich um halb neun morgens aufgestanden und habe die Leute auf ihrem Weg zur Arbeit beobachtet. Das hat mich richtig glücklich gemacht. Jeden Morgen die gleiche Tretmühle! Ich saß im Café und dachte darüber nach, wie verdammt gut ich es doch habe."

**24. OKTOBER 1987**
Auftritt in Kopenhagen.

**25. OKTOBER 1987**
Auftritt in Hamburg.

**26. OKTOBER 1987**
Auftritt in Berlin.

**28. OKTOBER 1987**
Auftritt in Köln.

**29. OKTOBER 1987**
Auftritt in Frankfurt.

**30. OKTOBER 1987**
Auftritt in Bremen.

**1./2. NOVEMBER 1987**
Auftritt in Brüssel. „Die Show kommt in ihrer Trägheit dem kleinsten gemeinsamen Nenner

*Montreux, Mai 1987.*

von *U2* und den *Simple Minds* gefährlich nahe, aber in den boshaften, oft widerwärtigen Winkeln und Ecken ihrer raffinierten Stakkato-Songs bewahren sie ihre Würde und huldigen weiter den Illusionen der Rebellion." (MELODY MAKER)

**3. NOVEMBER 1987**
Auftritt in Louvain.

**4./5. NOVEMBER 1987**
Auftritt in Rotterdam. In England berichtet der DAILY MIRROR mit einiger Verspätung, daß Robert und Mary zwei Kinder in Guatemala adoptiert haben und für ihre Erziehung und ihre schulische Ausbildung aufkommen. Schon im Juli sagte Robert in einem Interview: „Schwer zu sagen, wie es ihnen wirklich geht. Jedenfalls leben sie, schreiben fröhliche Briefe und malen bunte Bilder. Das heißt wohl, daß es ihnen gutgeht, obwohl ich mir nicht vorstellen kann, wie es einem in Guatemala ‚gutgehen' kann. Ich möchte dort nicht leben ..."

„Ich glaube kaum, daß sie viel an mich denken. Ich bezeichne sie nie als meine Kinder, sie sind ja nur formal adoptiert. Du zahlst mit deinem Geld für die Ausbildung des ganzen Dorfes, und sie geben dir ein Foto und eine Adresse, die du anschreiben kannst, damit es etwas persönlicher ist."

**6. NOVEMBER 1987**
Auftritt in Düsseldorf.

**8. NOVEMBER 1987**
Auftritt in Stuttgart.

**9. NOVEMBER 1987**
Auftritt in Zürich.

**11.–13. NOVEMBER 1987**
Auftritt in Paris.

**12. NOVEMBER 1987**
Das Video THE CURE LIVE IN ORANGE kommt heraus. „Exotisch, hypnotisch, lebendig. In THE

CURE IN ORANGE spielt die Gruppe ausgesprochen schwungvoll, und das über zwei Stunden lang ... Dieser unter der Regie von Tim Pope entstandene Video-Klassiker ist zweifellos sehenswert.“ (VIDEO WORLD)

„Die Band spielt vor einem Hintergrund, der vielleicht manchem nicht ganz passend erscheinen mag, aber ihre harte Arbeit auf der Bühne ist über jeden Zweifel erhaben. Das ist sicher nicht das Größte, was Pope je gemacht hat, aber eine bessere Dokumentation eines *Cure*-Konzerts ist wohl kaum möglich.“ (INSIGHT)

Inzwischen hat Barry Gibb von den *Bee Gees* zugegeben, daß er ein *Cure*-Fan ist. Laut MELODY MAKER ist die Band nach dieser Äußerung „völlig fertig“.

**15. NOVEMBER 1987**
Auftritt in Toulouse.

**16. NOVEMBER 1987**
Auftritt in Montpellier.

**18. NOVEMBER 1987**
Auftritt in Barcelona.

**19. NOVEMBER 1987**
Auftritt in Madrid.

**20. NOVEMBER 1987**
Auftritt in Valencia.

**22. NOVEMBER 1987**
Auftritt in Bilbao.

**24. NOVEMBER 1987**
Auftritt in Marseille.

**25. NOVEMBER 1987**
Auftritt in Lyon.

**27. NOVEMBER 1987**
Auftritt in Rom.

**29. NOVEMBER 1987**
Auftritt in Modena.

**30. NOVEMBER 1987**
Auftritt in Florenz.

**1. DEZEMBER 1987**
Auftritt in Mailand.

**3. DEZEMBER 1987**
Auftritt in Bordeaux.

**4. DEZEMBER 1987**
Auftritt in Nantes.

**5. DEZEMBER 1987**
Robert: „*The Cure* auf Tournee ist ein faszinierendes Phänomen ... Unsere hauptsächlichen Aktivitäten sind: Trinken; zu sagen: ‚Es gibt jemanden, der noch nie in seinem Leben Alkohol angefaßt hat'; alte Videos von *Dr. Who* ansehen; Lol piesacken; über die Vorteile von CD's diskutieren; zu Hause anrufen; Leute veräppeln; Autogramme schreiben ..."

**6. DEZEMBER 1987**
Auftritt im NEC in Birmingham.

**7./9. DEZEMBER 1987**
Auftritt im Wembley-Stadion.

Robert: „Früher hatte ich Angst vor dem Zerfall der Gruppe, oder vielmehr vor meinem eigenen Zerfall in einer Gruppe, aber heute ... Manchmal wird es einfach zu anstrengend, auf der Bühne überzeugend zu wirken. An manchen Abenden habe ich gemerkt, wie ich eine Rolle gespielt habe wie in den Videos: leidenschaftslos und sachlich. Das schmeichelt meiner Eitelkeit, ist aber nicht richtig. Weil ich damit groß geworden bin, auf der Bühne Sachen zu singen, die mich in eine andere Welt versetzen. Eine seltsame Art zu ... leben."

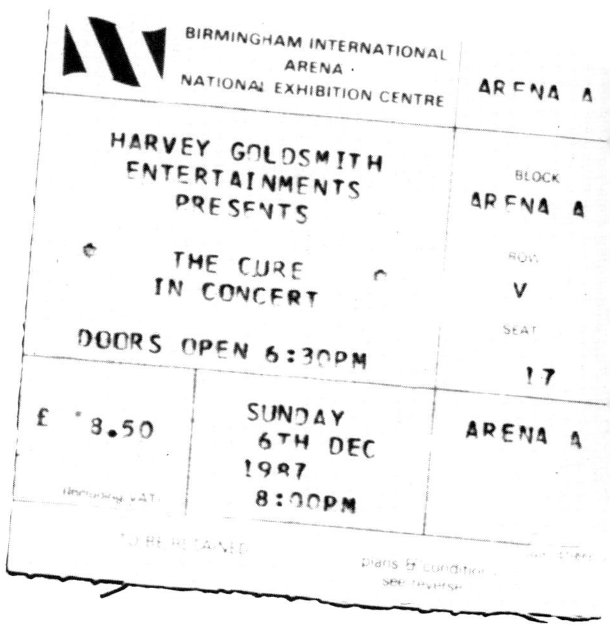


*Oben und links: Was bringt die Zukunft?*

# Discographie

Stand Dezember 1988

## SINGLES

**Killing An Arab/10.15 Saturday Night**
Small Wonder SMALL 11. Dezember 1978.

**Killing An Arab/10.15 Saturday Night**
Fiction FICS 1. Februar 1979.

**Grinding Halt/(Keine B-Seite)**
Fiction white label demo, unveröffentlicht. April 1979.

**Boys Don't Cry/Plastic Passion**
Fiction FICS 2. Juni 1979.

**Jumping Someone Else's Train/I'm Cold**
Fiction FICS 5. Oktober 1979.

**A Forest/Another Journey By Train**
Fiction FICS 10. April 1980.

**Primary/Descent**
Fiction FICS 12. April 1981.

**Primary/Descent**
Fiction Maxi-Single FICX 12. April 1981.

**Charlotte Sometimes/Splintered In Her Head**
Fiction FICS 14. Oktober 1981.

**Charlotte Sometimes/Splintered In Her Head/ Faith – live**
Fiction Maxi-Single FICX 14. Oktober 1981.

**Hanging Garden/Killing An Arab – live**
Fiction FICS 15. Juli 1982.

**Hanging Garden/Killing An Arab – live/ 100 Years/A Forest – live**
Fiction Doppel-Single FICX 15. Juli 1982.

**Hanging Garden/100 Years/A Forest/ Killing An Arab**
Fiction Maxi-Single FICG 15. Juli 1982.

**Lament**
Flexi-Pop-Single August 1982.

**Let's Go To Bed/Just One Kiss**
Fiction FICS 17. November 1982.

**The Walk/Upstairs Room**
Fiction FICS 18. Juli 1983.

**The Walk/Upstairs Room/Dream/Lament**
Fiction Maxi-Single FICX 18. Juli 1983.

**Love Cats/Speak My Language**
Fiction FICS 19. Oktober 1983.

**Love Cats/Speak My Language/Mr. Pink Eyes**
Fiction Maxi-Single FICX 19. Oktober 1983.

**Caterpillar/Happy The Man**
Fiction FICS 20. Mai 1984.

**Caterpillar/Happy The Man/Throw Your Foot**
Fiction Maxi-Single FICX 20. Mai 1984.

**A Forest/Charlotte Sometimes**
Maxi-Single Oktober 1984.

**In Between Days/Exploding Boys**
Fiction FICS 22. Mai 1985.

**In Between Days/Exploding Boys/ A Few Hours After This**
Fiction Maxi-Single FICX 22. Mai 1985.

**Close To Me/A Man Inside My Mouth**
Fiction FICS 23. September 1985.

**Close To Me/A Man Inside My Mouth/Stop Dead**
Fiction Maxi-Single FICX 23. September 1985.

**Close To Me/A Man Inside My Mouth/ Stop Dead/New Day**
Fiction 10" FICS 23. September 1985.

**A Night Like This/New Day/Close To Me/ A Man Inside My Mouth**
US Elektra 066856. September 1985.

**Boys Don't Cry/Pillbox Tales**
24. April 1986.

**Boys Don't Cry/Pillbox Tales/Do The Hansa**
Fiction Maxi-Single FICS 24. April 1986.

**Why Can't I Be You/A Japanese Dream**
Fiction FICE 25. April 1987.

**Why Can't I Be You/A Japanese Dream**
Fiction Maxi-Single FICSX 25. April 1987.

**Catch/Breathe**
Fiction FICS 26. Juni 1987.

**Catch/Breathe/Kyoto Song – live/ A Night Like This – live**
Fiction Maxi-Single FICSE 26. Juni 1987.

**Catch Breathe/Chain Of Flowers**
Fiction Kassette FICSC 26. Juni 1987.

**Just Like Heaven/Snow In Summer**
Fiction FICS 27. September 1987.

**Just Like Heaven/Snow In Summer/Sugar Girls**
Fiction Maxi-Single FICS 27. September 1987.

## ALBEN

**3 Imaginary Boys**
Produziert von Chris Parry. Mai 1979.
Foxy Lady/Meathook/So What?/Fire In Cairo/It's Not You/3 Imaginary Boys/10.15 Saturday Night/Accuracy/Grinding Halt/Another Day/Object/Subway Song.
LP: Fiction 60334

**Boys Don't Cry**
Produziert von Chris Parry. November 1979.
Boys Don't Cry/Plastic Passion/10.15 Saturday Night/Accuracy/ Object/Jumping Someone Else's Train/Subway Song/Killing An Arab/Fire In Cairo/Another Day/Grinding Halt/World War/ 3 Imaginary Boys.
LP: Fiction 60276
CD: Metronome 8150112 (AAD)

**17 Seconds**
Produziert von Robert Smith/Chris Parry. April 1980.
A Reflection/Play For Day/Secrets/In Yours House/Three/The Final Solution/A Forest/M/At Night/17 Seconds.
LP: Fiction 60305
CD: Metronome 8253542 (AAD)

**Faith**
Produziert von Mike Hedges und The Cure. April 1981.
The Holy Hour/Primary/Other Voices/All Cats Are Grey/The Funeral Party/Doubt/The Drowning Man/Faith.
LP: Fiction 60395
CD: Metronome 8276872 (AAD)

**Pornography**
Produziert von The Cure und Phil Thornally. Mai 1982.
One Hundred Years/A Short Term Effect/Hanging Garden/Siamese Twins/The Figurehead/A Strange Day/Cold/Pornography.
LP: Fiction 60497
CD: Metronome 8276882 (AAD)

## Japanese Whispers

Tracks 1, 2 produziert von Chris Parry; 3–6 von Steve Nye; 7, 8 von Phil Thornally/Robert Smith/Chris Parry. Dezember 1983.

Let's Go To Bed/Just One Kiss/The Dream/The Upstairs Room/The Walk/Lament/Speak My Language/The Love Cats.

LP: Fiction 817470-1
CD: Metronome 8174702 (AAD)

## The Top

Produziert von Robert Smith/Dave Allen/Chris Parry. Mai 1984.

Shake Dog Shake/Birdmad Girl/Wailing Wall/Give It Me/Dressing Up/Caterpillar/Piggy In The Mirror/The Empty World/Bananafishbones/The Top.

LP: Fiction 821136-1
CD: Metronome 8211362 (AAD)

## Concert: The Cure Live

Produziert von Dave Allen und The Cure. Oktober 1984.

Shake Dog Shake/Primary/Charlotte Sometimes/The Hanging Garden/Give Me It/The Walk/One Hundred Years/A Forest/10.15 Saturday Night/Killing An Arab.

LP: Fiction 823682-1
CD: Metronome 8238112 (AAD)

## The Head On The Door

Produziert von Robert Smith/Dave Allen/*Howard Gray). August 1985.

Inbetween Days/Kyoto Song*/The Blood/Six Different Ways/Pushy*/The Baby Screams/Close To Me/A Night Like This*/Screw/Sinking.

LP: Fiction 827231-1
CD: Metronome 8272312 (AAD)

## Standing On A Beach

(Best of...) May 1986.

Killing An Arab/Boys Don't Cry/Jumping Someone Else's Train/A Forest/Primary/Charlotte Sometimes/The Hanging Garden/Let's Go To Bed/The Walk/The Lovecats/The Caterpillar/In Between Days/Close To Me.

LP: .......
CD: –

## Kiss Me Kiss Me Kiss Me

Doppelalbum. Produziert von Robert Smith/Dave Allen. Mai 1987.

The Kiss/Catch/Torture/If Only Tonight/We Could Sleep/Why Can't I Be You?/How Beautiful You Are/The Snakepit/Hey You!!!/Just Like Heaven/All I Want/Hot Hot Hot!!!/One More Time/Like Cockatoos/Icing Sugar/The Perfect Girl/A Thousand Hours/Shiver And Shake/Fight.

Als Maxi-CD erhältlich (BBC Records 1230117, AAD, 1978):

## The Peel Sessions

Killing An Arab/10.15 Saturday Night/Fire in Cairo/Boys Don't Cry.

# VIDEO-CLIPS

Alle unter der Regie von Tim Pope: ausgenommen s. Klammern.

**10.15 Saturday Night** (Piers Bedford)
**Play For Today** (Dave Hillier)
**A Forest** (Dave Hillier)
**Other Voices** (Bob Rickerd)
**Primary** (Bob Rickerd)
**Charlotte Sometimes** (Mike Mansfield)
**Hanging Garden** (Chris Gabrin)
**Let's Go to Bed**
**The Walk**
**Love Cats**
**Caterpillar**
**In Between Days**
**Close To Me**
**Boys Don't Cry**
**Why Can't I Be You**

# KAUF-VIDEOS

## Staring At The Sea

April 1986. 82 Min.

Killing An Arab/10.15 Saturday Night/Boys Don't Cry/Jumping On Someone Else's Train/A Forest/Play For Today/Primary/Other Voices/Charlotte Sometimes/Hanging Garden/Let's Go To Bed/The Walk/Love Cats/Caterpillar/In Between Days/Close To Me/A Night Like This.

Soundtrack auch als CD Metronome 8292392 (AAD) erhältlich!

## The Cure In Orange

November 1987. 113 Min.

Introduction/Shake Dog Shake/Piggy In The Middle/Play For Today/A Strange Day/Primary/Kyoto Song/Charlotte Sometimes/In Between Days/The Walk/A Night Like This/Push/A Hundred Years/A Forest/Sinking/Close To Me/Let's Go To Bed/Six Different Ways/3 Imaginary Boys/Boys Don't Cry/Faith/Give Me It/10.15 Saturday Night/Killing An Arab.